AF762582

www.ingramcontent.com/pod-product-compliance
Lightning Source LLC
LaVergne TN
LVHW010819051026
849532LV00007B/2574

*9789369089789*

# علم و ادب : نئے دریچے

(تعمیر نیوز ویب پورٹل کے منتخب مضامین)

علم و ادب سیریز: 1

مرتب:

**مکرم نیاز**

© Taemeer Publications LLC
**Ilm o Adab : naye Dareeche - Part-1**
by: Mukarram Niyaz
Edition: October '2025
Publisher :
*Taemeer Publications LLC* (Michigan, USA / Hyderabad, India)

ISBN 978-93-6908-978-9

مرتب یا ناشر کی پیشگی اجازت کے بغیر اس کتاب کا کوئی بھی حصہ کسی بھی شکل میں بشمول ویب سائٹ پر اَپ لوڈنگ کے لیے استعمال نہ کیا جائے۔ نیز اس کتاب پر کسی بھی قسم کے تنازع کو نمٹانے کا اختیار صرف حیدرآباد (تلنگانہ) کی عدلیہ کو ہو گا۔

© تعمیر پبلی کیشنز

| | | |
|---|---|---|
| کتاب | : | **علم و ادب : نئے دریچے** (حصہ:۱) |
| مرتب | : | **مکرم نیاز** |
| صنف | : | غیر افسانوی نثر |
| ناشر | : | تعمیر پبلی کیشنز (حیدرآباد، انڈیا) |
| سالِ اشاعت | : | ۲۰۲۵ء |
| صفحات | : | ۱۱۸ |
| سرورق ڈیزائن | : | تعمیر ویب ڈیزائن |

# فہرست

## پیش لفظ

# علم و ادب اور فہم کا سفر (دریچہ:۱)

## مکرم نیاز

مطالعہ کی تاریخ پر جب طائرانہ نظر ڈالی جائے تو معلوم ہوگا کہ اس کا سفر تین عظیم، تاریخی و ادب ساز ادوار سے عبارت ہے، جنھوں نے انسانی دل و دماغ کو مسحور کیا اور علم و حکمت کو فروغ دیا۔ سب سے پہلا دور وہ تھا، جب کاغذی صفحات، رسائل اور اخبارات علم و عرفان کے چراغ تھے، جو مدھم روشنی میں انسان کے رب کا راز افشا کرتے تھے۔ یہ زمانہ اپنی سادگی، اپنی اخلاقیات اور خلوص کی یادگار سمجھا گیا، مگر رفتہ رفتہ زمانہ تبدیل ہونے لگا۔

پھر وہ عہدِ طلوع ہوا، جب انٹرنیٹ کا جادو ہر زبان کے قاری پر سایہ فگن ہوا۔ اپنی برق رفتاری اور بے مثال وسعت کے ساتھ، علم و آگاہی کا یہ سمندر گویا ہر قاری کی انگلیوں کی زینت بن گیا۔ ایک کلک سے ایک نئی دنیا، ایک جھلک سے دوسری حقیقت، اور ایک لمحے کا کچھ حصہ، قارئین کو بے پناہ وسیع اور دلکش دنیاؤں کا مسافر بنا گیا۔ دراصل یہ ایسا انقلابِ عظیم تھا، جو علم و شعور سے لبریز اسبابِ زندگی بن گیا۔

تیسری اور سب سے زیادہ حیرت انگیز تبدیلی سوشل میڈیا کی شکل میں نمودار ہوئی۔ ایک ایسی دنیا، جہاں فاصلے مٹ گئے، اور خیالات و احساسات کی سرائیں، عقل و شعور کے میدان آباد کرنے لگیں۔ ہر فرد، ادارہ، قوم، ایک دوسرے کے قریب، اور ایک دوسرے کے ہم نوا ہو گئے۔ یہ میدان عمل، تعلیم، اصلاح اور سماجی بیداری کے قافلے کا ایسا رہنما باور کیا گیا جو تاریکی کے خلاف علم نور بلند کرتا ہے۔

اسی فضا میں، ۲۰۱۲ء کے اواخر میں 'تعمیر نیوز' کے افق کو روشن کیا گیا، تاکہ اردو ادب و ثقافت کے اس بحرِ بے کنار کو ایک جہانِ تنقید و تصور میں تبدیل کیا جا سکے۔ تیرہ سال کے اس سفر نے یہ باور کرایا ہے کہ اردو زبان کا یگانہ لہجہ، اس کے بلند خیال اور اس کے پیغام، امتزاجِ علم و فن میں ہی زندہ رہ سکتے ہیں۔

اس کتاب میں 'تعمیر نیوز' سے اخذ کردہ ایسے مضامین کو شامل کرنے کی ممکنہ کوشش کی گئی ہے جو علمی و ادبی تحقیق کے منفرد و متنوع موضوعات کا احاطہ کرتے ہوئے قاری کی مناسب علمی و ادبی رہنمائی کا فرض بھی انجام دے سکیں۔ یہ کتاب "**علم و ادب : نئے دریچے**" کے سلسلے کا پہلا حصہ ہے۔

۵/اکتوبر ۲۰۲۵ء

حیدرآباد (تلنگانہ، انڈیا)

ا

# حیدرآبادی تہذیب کی ترجمان: ڈاکٹر شیلا راج: شخصیت اور مضمون نگاری

محمد عبدالعزیز سہیل

ڈاکٹر شیلا راج ایک تعارف:

ڈاکٹر شیلا راج حیدرآباد کی مشترکہ تہذیب کے علمبردار کائیستھ گھرانے سے تعلق رکھتی ہیں۔ ۹ جنوری ۱۹۴۰ء کو حیدرآباد کے محلہ حسینی علم میں پیدا ہوئیں۔ انکے والد کا نام راج پرتھوی راج تھا وہ محکمہ زراعت آندھرا پردیش کے ناظم تھے۔ ڈاکٹر شیلا راج کی ابتدائی تعلیم حیدر گوڑہ ہائی اسکول میں ہوئی اور انہوں نے ۱۹۵۷ء میں میٹرک کا امتحان کامیاب کیا۔ میٹرک کے بعد انہوں نے ویمنس ڈگری کالج کوٹھی حیدرآباد کے پی یو سی کورس میں داخلہ لیا اور ۱۹۵۸ء میں کامیابی کے ساتھ تکمیل کیا۔ ویمنس ڈگری کالج کوٹھی حیدرآباد سے ہی ۱۹۶۱ء میں گریجویشن کی تکمیل کی۔ ۱۹۶۴ء میں پوسٹ گریجویشن ان اردو میں کامیاب کیا۔ ۱۹۶۵ء میں انہوں نے بیچلر آف ایجوکیشن بھی کامیاب کرلیا۔ ۱۹۷۰ء میں عثمانیہ یونیورسٹی حیدرآباد سے ہی ایم اے تاریخ کی تکمیل کی۔ تاریخ کے مضمون میں ہی انہوں نے ۱۹۸۲ء داموڈھر ٹھاکرسی ویمنس یونیورسٹی ممبئی سے

Ph.D کی تکمیل کی جہاں انکے مقالہ کا عنوان "ہسٹری آف دی سوشیل اکنامکس اینڈ کلچرل ڈیولپمنٹ ان حیدرآباد ۱۸۶۹-۱۹۱۱" تھا۔ ۱۹۶۴ء میں انہوں نے ایم اے اردو کی تکمیل کے بعد بحیثیت اردو لکچرار محبوبیہ جونئیر کالج عابڈس حیدرآباد پر تدریسی خدمات انجام دیں۔ ۱۹۷۲ء میں انکی شادی ڈاکٹر نارئن راج (راجہ نرسنگ راج عالی کے پوتے) سے انجام پائی۔ شادی کے بعد انہیں ممبئی منتقل ہونا پڑا۔ جسکی وجہ سے انہوں نے ملازمت سے استعفی دے دیا۔

ڈاکٹر شیلا راج کو آصف جاہی عہد اور آصف جاہی حکمرانوں سے جذباتی لگاوء تھا انہوں نے اپنی زندگی آصف جاہی عہد کے کارناموں کو اجاگر کرنے میں وقف کر دی۔ ۱۹۸۲ء میں ڈاکٹر شیلا راج نے پی۔ ایچ۔ ڈی مکمل کی۔ ان کے مقالہ کو "ڈاکٹر شریمتی پرمیلا ٹھاکرسی ایورڈ" سے نوازا گیا۔ یو جی سی کی جانب سے ڈاکٹر شیلا راج کو تاریخ کے مضمون میں جونئیر اور سنئیر فیلوشپ عطا کی گئی۔ اردو اکیڈمی آندھرا پردیش کی جانب سے ان کی کتاب "شاہان آصفیہ کی رواداری اور ہندو مسلم روایت" پر انعام اول سے نوازا گیا۔

ڈاکٹر شیلا راج کی ادبی زندگی کا آغاز دوران تعلیم ہی ہو چکا تھا انکا پہلا مضمون بعنوان "مرزا غالب" ۷ اجولائی ۱۹۶۶ء کو روزنامہ سیاست حیدرآباد سے شائع ہوا۔ انہوں اپنے ادبی سرمایہ میں ۲۰ سے زائد اردو مضامین ۵ انگریزی مضامین اور ۲۲ تحقیقی مقالات چھوڑے ہیں۔

ڈاکٹر شیلا راج کا اردو ادب سے گہرا تعلق تھا وہ اکثر ادارہ ادبیات حیدرآباد اور ابوالکلام اورینٹل ریسرچ انسٹی ٹیوٹ حیدرآباد کے پروگراموں میں شرکت کرتیں اور بڑھ چڑھکر ان میں حصہ لیتی تھیں۔ انہیں مختلف سوسائٹیوں کی رکنیت حاصل تھی جن میں قابل ذکر انڈین ہسٹری کانگریس، ابوالکلام آزاد اورینٹل ریرچ انسٹی ٹیوٹ

حیدرآباد، انڈین ہسٹری اینڈ کلچرل سوسائٹی نئی دہلی، دی ایشیاء ٹک سوسائٹی آف ممبئی شامل ہیں۔

ڈاکٹر شیلاراج کے ادبی زندگی کے سرمایہ میں تین ترجمہ کردہ تصانیف توشہء عاقبت (سفر نامہ)، شاہی شادی (رپورتاژ) مملکت آصفیہ (اردو)، دو مرتبہ شعری مجموعے، دیوان عالی (راجہ نرسنگ راج عالی)، دیوان محبوب (راجہ محبوب راج محبوبؔ)، ایک اردو تصنیف شاہان آصفیہ کی رواداری اور ہندو مسلم روایات اور دو انگریزی تصانیف (عہد وسطی سے عہد حاضر تک حیدرآباد کی سماجی، معاشی اور تہذیبی تاریخ ۱۸۶۹ء تا ۱۹۱۱ ،ایک عہد کا مرقع۔ حیدرآباد نظاموں کے دور میں) شامل ہیں۔

ڈاکٹر شیلاراج کا انتقال ۱۷ جولائی ۲۰۰۸ء کو حیدرآباد میں ہوا۔ انکے انتقال کے بعد ہر سال /۱۷ جولائی کو اچ ای اچ دی نظامس ٹرسٹ حیدرآباد کی جانب سے ڈاکٹر شیلاراج میموریل لیکچر کا انعقاد عمل میں لایا جارہا ہے جسکا عنوان صرف آصف جاہی حکمرانوں سے متعلق ہی رکھا جاتا ہے۔ ہر سال یونیورسٹی آف حیدرآباد کی جانب سے ایم۔ اے۔ تاریخ کے مضمون میں اعلیٰ نشانات حاصل کرنے والے طالب علم کو ڈاکٹر شیلاراج گولڈ میڈل دیا جارہا ہے، ساتھ ہی دی ایشیاء ٹک سوسائٹی ممبئی کی جانب سے ڈاکٹر شیلاراج فیلوشپ تاریخ کے مضمون میں Ph.D کرنے والے طالب علم کو منتخب کر کے دی جارہی ہے۔

ڈاکٹر شیلاراج ایک منجھی ہوئی قلمکار تھیں انہوں نے نہ صرف ترجمہ نگاری انجام دی بلکہ ایک ممتاز مورخ، ماہر محقق، قابل مصنفہ اور ایک بہترین مضمون نگار ہونے کا ثبوت دیا۔ وہ نہ صرف علوم وفنون کی ماہر تھیں بلکہ ان کے قلم میں ایسا تاثر تھا کہ انکی تحریریں معتبر اور مستند تسلیم کی جاتی تھیں اور قارئین انہیں بہت پسند کرتے تھے۔

ڈاکٹر شیلاراج کو نہ صرف اردو بلکہ انگریزی، فارسی، تلگو اور ہندی زبانوں پر مکمل عبور حاصل تھا وہ ایک بہترین مقررہ تھیں کئی سمیناروں میں انہوں نے بہ نفس نفیس شرکت کی اور مقالہ پڑھا انکو مضمون نگاری سے دلچسپی زمانہ طالبعلمی سے رہی ہے انہوں نے بیت بازی اور ادبی سرگرمیوں میں خوب حصہ لیا۔ انکی مضمون نگاری کا آغاز "مرزاغالب" مضمون سے ہوتا ہے۔ جو کہ ۱۷ جولائی کو روزنامہ سیاست حیدرآباد میں شائع ہوا تھا۔ انہوں نے اردو کے ساتھ ساتھ انگریزی مضامین بھی لکھے ہیں وہ ایک باصلاحیت اورادبی شخصیت کی مالک تھیں۔انکے مضامین کا محور دورآصفی، آصف جاہی حکمران، حیدرآبادی تہذیب ،حیدرآباد کی معزز شخصیات، حیدرآبادی کی تاریخی عمارتیں رہاہے وہ آصف جاہی عہد پر اتھاریٹی سمجھی جاتی تھیں۔ وہ ایک روشن خیال مصنفہ اور قومی یکجہتی کی علمبردار خاتون تھیں انکا عظیم کارنامہ "شاہان آصفیہ کی رواداری اور ہندو مسلم روایات" جیسی شاہکار تصنیف ہے۔ انہوں نے بحثیت مورخ ریاست حیدرآباد کی مذہبی روایات کو عالمی سطح پر متعارف کروایاہے۔

ڈاکٹر شیلاراج کے مضامین کی فہرست اسطرح ہے:

مرزا غالبؔ ، جگر مرادآبادیؔ ،نواب سر وقارالامراء بہادر، حیدرآباد کی تہذیب، دودھ میں سیاست،ڈاکٹر کورین کی ناقابلِ فراموش خدمات،دہلی میں ملکہ معظمہ کا دربار، حیدرآباد میں گزشتہ تین سو سال میں بارش کیلیئے دعائیں ،نواب عمادالملک، راجہ شیوراج دھرم ونت، زیور، قصرِفلک نما، پرانی حویلی، کنگ کوٹھی، سابق حیدرآباد ہندو مسلم روایات کا امین قسط اول، سابق حیدرآباد ہندو مسلم روایات کا امین قسط دوم، سابق حیدرآباد ہندو مسلم روایات کاامین قسط سوم، مذہبی رواداری دور آصفجاہ سادس، بہادر یار جنگ، تاریخ خاندان پائیگا قسط اول، تاریخ خاندان پائیگاہ آسمان جاہی قسط دوم۔

ڈاکٹر حبیب نثار شعبہ اردو حیدرآباد سنٹرل یونیورسٹی ڈاکٹر شیلا راج کے متعلق رقمطراز ہیں: "ڈاکٹر شیلا راج کا تعلق ایک قدیم کائستھ گھرانے سے ہے۔ ڈاکٹر شیلا راج نے اردو اور تاریخ میں ایم اے کیا ہے اور تاریخ میں ڈاکٹریٹ کی ڈگری حاصل کی ہے۔ اردو شعر و ادب کا اچھا ذوق رکھتی ہیں اسی وسیلہ سے اردو دنیا سے وابستہ تھیں۔ آپ کے اکثر و بیشتر مضامین دکن کی تاریخ کے گمشدہ واقعات یا پھر حیدرآباد کی مشترکہ تہذیب اور یہاں کی روایات سے متعلق روزنامہ سیاست اور ماہنامہ سب رس میں شائع ہوئے ہیں۔ (تبصرہ دیوان عالیؔ، روزنامہ سیاست حیدرآباد ۱۶- مئی ۲۰۱۰)

ڈاکٹر شیلا راج کے مضامین کا مختصر جائزہ:

مضمون "مرزا غالب،" اپنے موضوع کے اعتبار سے ڈاکٹر شیلا راج کا ایک اہم اور سب سے پہلا مضمون ہے اس مضمون میں انہوں نے بعض احباب کی جانب سے مرزا غالبؔ کو زوال آمدہ تمدن کی یادگار قرار دینے پر اعتراض کیا اور لکھا ہے کہ "مرزا غالب زوال آمادہ تمدن کی یادگار نہیں تھے بلکہ مغلیہ تہذیب زوال آمادہ تمدن کی یادگار تھی۔" انہوں نے مرزا غالبؔ کا اردو شاعری میں مقام متعین کرتے ہوے لکھا ہے "غالبؔ کا مقام اردو شاعری میں بہت بلند ہے ان کے معاصرین اور مابعد شعراء نے بھی ان کی بلند پایہ شاعری کا اعتراف کیا ہے۔ غالبؔ نے اردو شاعری کو نئے مزاج سے روشناس کروایا"۔ ڈاکٹر شیلا راج نے اپنے اس مضمون میں مرزا غالبؔ سے متعلق رشید احمد صدیقی اور نیاز فتحپوری کے اقتباس کو شامل کیا ہے جس سے ان کے مضمونکی اہمیت بڑھ جاتی ہیں۔

ڈاکٹر شیلا راج کا ایک اور مضمون "حیدرآباد کی تہذیب" کے عنوان سے روزنامہ سیاست حیدرآباد میں شائع ہوا جس میں انہوں نے ریاست حیدرآباد اور آصف جاہی

حکمرانوں کے قومی یکجہتی کے فروغ سے متعلق لکھا۔" آصف جاہی فرمارواوں کی حکمت عملی نے بھی حیدرآبادی تہذیب کو پھلنے پھولنے میں بڑی مدد دی ان کی مذہبی رواداری نے صلح و آشتی کے جذبہ کو تقویت دی اور مسلم غیر مسلم رعایا کے فرق کو مٹادیا بھائی چارگی کے رشتہ کو اور مضبوط بنانے کے لیے مختلف مذاہب کے مذہبی اداروں کو مالی امداد دی گئی وزیر اعظم کے عہدے پر ہندو اور مسلمان دونوں ہی فائز رہے مختلف مذاہب کے تہوار اور تقاریب میں بھی قدیم حیدرآباد ایک سنگم بنا ہوا تھا۔" اور کئی مثالوں سے انہوں نے حیدرآبادی تہذیب کو ملک کی اعلی تہذیب قرادیا ہے۔

ڈاکٹر شیلاراج نے اسی موضوع پر ریاست حیدرآباد میں اردو کو سرکاری زبان بنائے جانے سے متعلق لکھا ہے "ابتداء ہندو مسلمان دونوں فارسی میں طبع آزمائی کی لیکن ۱۸۸۴ء کے بعد زبان اردو کو پرورش دینے کی پرزور کوششیں ہوئیں اور سرکاری زبان فارسی کی جگہ اردو کو بہ حیثیت سرکاری زبان رائج کرنے کی زوردار تحریک پیش کی گئی۔نواب میر محبوب علی خاں بہادر اور نواب میر عثمان علی خاں بہادر دونوں نے علم و ادب کی سرپرستی کی بڑے بڑے شعراء اور ادیب اس دربار سے وابستہ رہے دونوں کو شاعری سے بہت لگاو تھا۔اسطرح حیدرآباد میں اردو کے فروغ میں ہندو اور مسلمان دونوں کا برابر کا ہاتھ رہا اور آصف جاہی حکمرانوں نے جو اس زبان کی خدمات کی وہ ضرب المثل بن گئی۔"

ڈاکٹر شیلاراج نے اپنے مضمون میں حیدرآباد کی اتحاد و یکجہتی پر مشتمل تہذیب کو منفرد انداز میں بیان کیا ہے اور یہاں کی تہذیب و ثقافت کی انفرادیت کو پیش کیا ہے جسکی مثال پورے ہندوستان میں نہیں مل سکتی۔

اپنے مضمون قصر فلک نما جو کہ ۲۸ اگسٹ ۱۹۹۴ کو روزنامہ سیاست حیدرآباد میں

شائع ہوا تھاڈاکٹر شیلاراج نے قصر فلک نما کی تعمیر آرئش وزیبائش سے متعلق لکھا ہے کہ" قصر فلک نما فن تعمیر اور آراستگی کا بہترین اور لاجواب نمونہ ہے جو وقارالامراء بہادر کی خوش سلیقگی کا اور ان کے ذوق کا آئنہ دار ہے اس تاریخی عمارت کی تعمیر آرائش وزیبائش پر لاکھوں روپیہ صرف ہوا۔ اس کا طرز تعمیر اٹالین ہے اسکی آرئش یوروپین ڈھنگ سے ہوئی ہے۔اس کی آرئش وزیبائش میں استعمال ہونے والی ہر چیز وقارالامراء کی انتخاب کردہ ہے۔اس عمارت کی خاص خوبی یہ ہے کہ ہر کمرے کی celiling اس کے فرنیچر دیواروں اور فرش سے میل کھائی ہوئی ہے اس کے فرنیچر کے ہر ٹکڑے پر vo وقارالامراء کے نام کا motif ہے"

ڈاکٹر شیلا راج نے اپنے اس مضمون میں خاندان پائیگاہ کے خاندان کا تذکرہ کیا ہے اور قصر فلک نما سے متعلق اہم معلومات فراہم کی ہے ساتھ ہی وقار الامراء کی تعمیرات کی خوبیوں کو بیان کیا ہے۔

بہ حیثیت مجموعی ڈاکٹر شیلا راج نے اپنے مضمون نگاری کے ذریعے حیدرآباد ریاست کے تاریخی عمارتوں اور حیدرآبادی تہذیب ،دور آصفی سے متعلق کافی اہم معلومات مہیا کی ہیں جس انکی محققانہ صالاحیتوں اور انکی قابلیت کا علم ہوتا ہے۔ڈاکٹر شیلا راج کے مضامین حیدرآبادی تہذیب کے عکاس ہیں۔ اور قومی یکجہتی کے فروغ میں معاون ثابت ہوسکتے ہیں۔

Hyderabad's culture spokeswoman - Dr. Sheila Raj. Essay: M.A.A.Sohail

***

۲

# محمد ایوب فاروقی صابر: شخص اور شاعر

ڈاکٹر محمد ناظم علی

محمد ایوب فاروقی صابرؔ شہر نظام آباد سے تعلق رکھنے والے کہنہ مشق شاعر، افسانہ نگار اور ادیب ہیں۔ بہ حیثیت ایمپلائمنٹ آفیسر عادل آباد سے ملازمت سے سبکدوش ہوئے۔ لیکن اپنے وطن نظام آباد میں ملازمت کا طویل عرصہ گذارا۔ انجمن ترقی اردو شاخ نظام آباد کے سرگرم کارکن رہے۔ نظام آباد میں قیام کے دوران شعری اور ادبی محفلوں میں شرکت کرتے رہے۔ وظیفہ پر سبکدوشی کے بعد ٹولی چوکی حیدرآباد میں مستقل سکونت اختیار کی۔ اردو شاعری سے انہیں فطری مناسبت رہی۔ اور بچپن سے ہی شعر گوئی کا سلسلہ جاری رکھا۔ ادبی زندگی کا آغاز صحافت سے کیا۔ زمانہ طالب علمی میں ڈگری کالج ورنگل کے کالج میگزین کے ایڈیٹر رہے۔ بعد میں مقامی ہفت روزہ و سہ ماہی اخبارات ورسائل میں مضامین لکھتے ہوئے صابرؔ نے اردو ادب کی گراں بہا خدمات انجام دیں۔ جامعہ عثمانیہ میں تعلیم کے دوران حیدرآباد کا ادبی ماحول دیکھا۔ کچھ عرصہ ایم اے اردو میں بھی داخلہ لیا تھا۔ اس وقت پروفیسر مسعود حسین خان جامعہ عثمانیہ کے شعبہ اردو کے صدر تھے۔ اور پروفیسر سیدہ جعفر اور پروفیسر اشرف رفیع رفقاء میں تھے۔ مخدوم کو کلام سناتے ہوئے دیکھا اور شاذ تمکنت کی شاگردی میں بھی رہے۔ ملازمت کی جستجو میں

اعلیٰ تعلیم جاری نہیں رکھ سکے۔ محمد ایوب فاروقی صابرؔ کا ایک شعری مجموعہ "آخر شب کے ہمنشیں" شائع ہو کر مقبول ہوا۔ اس شعری مجموعے کی رسم اجراء کے موقع پر عادل آباد میں ایک عظیم الشان مشاعرہ، ادبی محفل، محفل افسانہ اور محفل لطیفہ گوئی منعقد کی۔ جو عادل آباد کی ادبی تاریخ کی ایک یادگار ادبی محفل تھی۔ مشاعرے میں نامور شاعر منشا الرحمٰن خان منشاء نے ناگپور سے شرکت کی۔ اور کتاب کا رسم اجراء انجام دیا۔

محمد ایوب فاروقی صابرؔ نے اپنے شعری مجموعے "آخر شب کے ہمنشیں" کا انتساب اپنے والد مرحوم محمد اسمٰعیل فاروقی کے نام کیا اور لکھا کہ والد کی تربیت نے انہیں ادب کو زندگی میں اور زندگی کو ادب میں برتنے کا سلیقہ سکھایا۔ شعری مجموعے کا تعارف سید واحد علی واحدؔ ڈپٹی کمنشنر آف لیبر مہاراشٹرا نے لکھا۔ جو صابرؔ فاروقی کے ماموں، یوسف ناظم کے رفیق کار اور نظام آباد کے سینئیر شاعر سمجھے جاتے ہیں۔ سید واحد علی واحدؔ صابرؔ کی شاعری کے بارے میں لکھتے ہیں کہ "انہوں نے روایت اور جدت کے امتزاج کے ساتھ شاعری کی۔ اور اپنی شاعری میں سیاسی، سماجی اور معاشرتی عوامل کا بھی اظہار کیا"۔ صابرؔ فاروقی کے کلام پر نظر ڈالنے سے اندازہ ہوتا ہے کہ ان کا کلام کلاسکیت اور جدیدیت کا حسین امتزاج ہے۔ انہوں نے پابند اور بلینک ورس نظمیں کہیں ہیں۔ ان کی نظموں میں عصری حسیت اور معاشرتی شعور ملتا ہے۔ میرؔ کی طرح چھوٹی بحروں میں انہوں نے بہت اچھی نظمیں اور غزلیں کہی ہیں۔ اپنی نظموں میں قومی یکجہتی، وطن سے محبت، اور سماجی نشیب و فراز کو پیش کیا۔ ان کی شاعری میں رومانیت اور عصر حاضر کا شعور دیکھا جاسکتا ہے۔ شعری مجموعہ "آخر شب کے ہمنشیں" کا آغاز روایتی انداز میں حمد اور نعت سے ہوتا ہے۔ اپنی حمد میں صابرؔ اللہ کا شکر بجالاتے ہیں اور دعا کرتے ہیں کہ اللہ ان کے قلم، خیال اور فکر کو مزید جلا عطا کرے۔

قلم سے علم سکھایا ہے تونے صابرؔ کو
قلم کو جز مرے کس نے دیا ہے زورِ بیاں

نعتیہ نظم "ذکر خیر البشر" میں صابرؔ نے نعت گوئی کے آداب کا لحاظ کرتے ہوئے خیر البشر ہستی پیغمبر اسلام حضرت محمد مصطفی ﷺ کے اوصاف حمیدہ بیان کئے ہیں۔

پار کشتی ہوئی ساحل نور تک
بحر ظلمات میں ناخدا آپ تھے
رحمتوں کا احاطہ کوئی کیا کرے
ابتداء آپ تھے انتہا آپ تھے

وطن سے محبت کے نغمے اقبال اور چکبست نے بہت خوب پیش کئے۔ حب وطن کی شاعری نے ہر زمانے میں لوگوں میں وطن سے محبت کا جذبہ پروان چڑھایا ہے۔ صابرؔ نے اردو شاعری کی اسی روایت کو آگے بڑھاتے ہوئے ایک نظم "نذرِ وطن" لکھی۔ نظم کا ہر مصرعہ وطن کی محبت سے سرشار ہے۔ صابرؔ کہتے ہیں:

رنگ سے نور سے نکہت سے ہے پر صحن چمن
عید نظارہ ہوتی جاتی ہے پھر صبح چمن

نظم "وشال آندھرا" میں آندھرا پردیش کے قدرتی وسائل اور اس کے کھیت کھلیانوں کی تعریف کی گئی ہے۔ شاعر نے آندھرا کے چاول کو گودام اور سونے کی چڑیا کہا ہے۔ اور یہاں کے فطری و قدرتی حسن ور عنائی کو موضوع بنایا ہے۔ صابرؔ کہتے ہیں:

مرے وطن کو حسیں خوش جمال کہتے ہیں
یہ آندھرا ہے جسے سب وشال کہتے ہیں
اسے زمانے میں چاول کا تھال کہتے ہیں

سنہرے خوشوں کا سر سبز بالیوں کا چمن
وشال دیس ہے میرا وشال میرا وطن

نظم یو این او میں شاعر نے بین الاقوامی ادارے کی حقیقی تصویر پیش کی ہے کہ اس ادارے کے قیام کا مقصد عالمی امن کو یقینی بنانا ہے لیکن کیسے اس ادارے میں قول و فعل کا تضاد پایا جاتا ہے۔ صابرؔ کہتے ہیں:

اصولوں کی باتیں
دل میں لیکن وہی مصلحت کوشیاں
زخم انسانیت ہے ہرا کا ہرا
سب کے سب معتبر
ہاتھ میں سب کے سب زیتون کی ٹہنیاں
آستینیں بھی اپنی الٹ کر بتائیں تو جانیں

نظم "تیری میری آس وہی ہے" میں صابرؔ نے ہندوستان میں پائے جانے والے ذات پات کے نظام اور ہریجنوں سے ہونے والے بھید بھاؤ کو جذباتی انداز میں یوں پیش کیا ہے۔

سورج سونا بکھراتا ہے تیرے گھر بھی میرے گھر بھی
خوشبو کا جھونکا آتا ہے تیرے گھر بھی میرے گھر بھی
چاند آنگن میں اتراتا ہے تیرے گھر بھی میرے گھر بھی
انسان جانے کوئی نہ جانے یہ دو جا وہ ہر جائی ہے
یہ اپنا ہے وہ بیگانہ ہے یہ ہے پرایا وہ بھائی ہے

صابرؔ کی دیگر نظموں کے عنوانات تو کیا ہے۔ مسافت۔ چپ کا پہرہ۔ واپسی۔ کتبے۔

پندرہ اگسٹ۔UNO۔ کراس روڈ۔ برادر نامہ۔ مفہوم۔ تیری میری آس وہی ہے۔ آخر شب کے ہمنشیں۔ رقص شرر۔ مشورہ۔ نیا موڑ۔ عکس بھی قصہ۔ وجہہ ندامت۔ بوڑھی آیا۔ لقمہ تر۔ دوسرا سفر وغیرہ ہیں۔ صابرؔ کی نظموں میں فنی ارتقاء محسوس کیا جاسکتا ہے۔ اور اپنے دور کے تاریخی اور تہذیبی حالات سے آگہی محسوس کی جاسکتی ہے۔ نظموں کی طرح صابرؔ کی غزلیں بھی فکر و فن کا حسین امتزاج ہیں۔ اور ان میں جدیدیت اور کلاسیکیت کا عنصر پایا جاتا ہے۔ غزلوں میں اردو غزل کے روایتی عشقیہ موضوعات کے ساتھ سیاسی و سماجی مسائل کی عکاسی ملتی ہے۔ غزلوں کا اسلوب رومانی ہے۔ محبوب کی تڑپ اور اس کے دیدار کا کرب پایا جاتا ہے۔ فیض کی طرح یایہاں محبوب کی آرزو روایتی نہیں۔ سماجی اور معاشرتی مسائل کا ادراک وصل محبوب بن جاتے ہیں۔ صابرؔ کے ہاں پائے جانے والے عشق کے کچھ رویے اس طرح ہیں:

ایسا بھی راہ شوق میں اک سانحہ ہوا
خود سے گذر گیا ہوں انہیں پوچھتا ہوا

پردہ رخ سے جو سرک جائے تو خیر
چاند آنکھوں میں جھمک جائے تو خیر

پھر آپ کے آجانے کا امکان ہوا روشن
پھر میرے تصور نے در و بام تراشے

صابرؔ کی غزلوں سے منتخب یہ متفرق اشعار ان کے مختلف شعری رویوں کی عکاسی کرتے ہیں۔

یہ شہر کیسا شہر ہے یہ قہر کیسا قہر ہے
جس شہر میں بدنام میں اس شہر میں شہر ترا

ڈبو بھی دیتا ہے وہ کشتی ساحلوں سے قریب
پھر اپنے آپ کو وہ ناخدا بھی کہتے ہیں

سب جسے قابل گردن زدنی کہتے ہیں
کیا عجب ہم میں وہ ایک شخص ہی سچا ہو گا

جس بات کا گماں تھا بالآخر وہی ہوا
تاریکیوں کا نام یہاں روشنی ہوا

بارش کے اس بہتے پانی کی ہو یارب عمر دراز
اس میں کاغذ کی کشتی چھوڑ گیا کوئی بچہ

صابرؔ کے بعض اشعار میں اشاروں کنایوں میں بات ملتی ہے۔ صنعت تضاد اور مراءۃ النظیر کو انہوں نے فنکاری سے برتا ہے۔ صابرؔ فاروقی مشاعروں کے شاعر نہیں ہیں۔ نظام میں منعقدہ یادگار کل ہند مشاعرے میں انہوں نے مقامی شاعر کے طور پر کلام سنایا تھا۔ اور کیفی اعظمی نے ان کے کلام پر بھرپور داد دی تھی۔ ان کی غزلوں کو مقامی گلوکاروں نے اپنی آواز دی۔ صابرؔ فاروقی کو فن عروض پر مہارت حاصل ہے۔ نوجوان شعرا ان سے اپنے کلام کی اصلاح لیتے ہیں۔ صابرؔ فاروقی اپنی شاعری کا سلسلہ جاری رکھیں تو ان کے کلام سے نئی نسل فیضیاب ہو سکتی ہے۔ کیونکہ ان کی شاعری میں مسرت کے ساتھ بصیرت بھی ہے۔

Mohammad Ayoub Farooqi Sabir - a poet. Essay: Mohd Nazim Ali

***

۳

# مشرف عالم ذوقی کی کہانیاں اور جبلت

رضا صدیقی

(ذوقی کے اولین افسانوی انتخاب 'نفرت کے دنوں میں' کا ایک مختصر جائزہ)

کہانی کہنے کا فن بلاشبہ قدیم تہذیبوں کے دریافت ریکارڈ سے بھی پرانا فن ہے۔ ادیب معاشرے کا عکاس ہوتا ہے، کہانیاں معاشرے کے مشاہدے سے ہی جنم لیتی ہیں۔ ایک پلاٹ اور چند کرداروں کے مابین تعلق پیدا کرتی ہوئی خاص اسلوب میں لکھی گئی تحریر مختصر افسانے کے ضمن میں آتی ہے۔ ناول کی نسبت افسانہ کم گنجلک ہوتا ہے۔۔ سماجی شعور کو بیدار کرنے کی غرض سے جو افسانہ نگار منظرِ عام پر آئے انہوں نے ایسے موضوعات پر قلم اٹھایا جسے اس وقت کے تہذیبی رویوں کے مطابق فحش سمجھا گیا ان افسانہ نگاروں میں ایک نام سعادت حسن منٹو کا تھا جبکہ عصمت چغتائی اسی سلسلے کا دوسرا اہم نام ہے۔ ایسے موضوعات کو افسانوی رنگ دینا جو کسی بھی معاشرے میں ناسور کی طرح پل رہے ہوں۔ منٹو اور عصمت چغتائی جیسے افسانہ نگاروں نے کھلے الفاظ یا علامتی انداز میں معاشرے کو سدھار کی طرف لے جانے کی کوشش کی۔ ایک اور نام کرشن چندر کا ہے جن کا فن اور فنی تصورات بے رحم حقیقت نگاری کی نیابت میں سماجی شعور اور ادراک کو حقیقی تجربے میں متشکل کر کے واقعہ و تحلیل کے عمل سے گزارتے ہیں۔ چنانچہ

وہ قدرتِ بیان، اسلوب کی بالیدگی، سلاستِ اظہار، سوچ و فکر کے امتزاج، متحارب و متضاد رویوں کو ممکنات میں داخل کرتے ہوئے افسانے کو اجتماعی شعور کے نئے رجحانات سے روشناس کراتے ہیں۔ آج کے دور میں ہم ایک اور نام کو اسی رو میں شامل کرتے ہیں اور وہ نام ہے ہندوستان کی ادبی دنیا کا معروف نام مشرف عالم ذوقی، ناول لکھنے پر آتے ہیں تو کئی معرکہ الآرا ناول ان کے نام سے منسوب ہیں، وہ چاہے،، لے سانس بھی آہستہ،، ہو یا،، آتشِ رفتہ کا سراغ،،۔ مشرف عالم ذوقی نے ناول ہو یا افسانہ عریاں بے رحم حقیقت نگاری کی ہے۔ اپنے ناول،، لے سانس بھی آہستہ،، میں مسلمانوں کی ہندوستان میں حالتِ زار کی عکاسی بڑے خوبصورت انداز میں کی ہے لیکن ساتھ ہی ساتھ جبلت کے عنوان تلے انسان کو انسانیت کی معراج سے اتار کر ذلت کی پستیوں اور حیوانی سطح پر لا کھڑا کیا ہے، جنس کا کاروبار کرنے والوں نے انسان کو حیوان بنا ڈالا ماں باپ، بہن بھائی، خالہ، ممانی، چچا، سب رشتے مٹی میں ملا کر انہیں غلاظت میں لا پھینکا۔ سعادت حسن منٹو جتنا بڑا فن کار ہے اتنا ہی متنازع شخصیت ہے منٹو کو پڑھنے والوں کا ایک طبقہ سیدھے الفاظ میں اسے فحش نگار کہتا ہے اس کے ہر اس عمل کو جس میں وہ حقیقی زندگی کا پرتو پیش کرتا ہے وہ اس طبقے کے لئے قابلِ گرفت ہے۔ منٹو آزادی کی تحریک سے جنسی نفسیاتی مسائل تک بے ساختہ، بلا خوف بلند آواز میں وہ سب کچھ کہہ گذرتا ہے جو وہ کہنا چاہتا ہے۔ ایک جگہ وہ کہتا ہے،، زمانے کے جس دور سے ہم گذر رہے ہیں۔ اگر آپ اس سے واقف ہیں تو میرے افسانے پڑھیئے، اگر آپ ان افسانوں کو برداشت نہیں کرتے۔ تو اس کا مطلب یہ ہے کہ یہ زمانہ نا قابلِ برداشت ہے، میری تحریر میں کوئی نقص نہیں، جس نقص کو میرے نام سے منسوب کیا جاتا ہے وہ دراصل موجودہ نظام کا ایک نقص ہے۔،، منٹو کی طرح مشرف عالم ذوقی سب کچھ کہہ دینا چاہتا ہے لیکن منٹو کی طرز پر نہیں وہ عریاں بے رحم

حقیقت نگاری کرتا ہے۔ ان کے افسانوں میں انسانی نا آسودگیوں کے معاملات و مسائل اور ان کے پس پردہ عمل اور رد عمل کے طور پر فطری آسودگی کے لئے سیاہ کاریوں میں ہوتے عوامل کی آگہی ملتی ہے۔ جبلت کے بیان کا جو سلسلہ ان کے ناول ،،لے سانس بھی آہستہ،، میں ملتا ہے وہی سلسلہ ان کے بیشتر افسانوں میں دکھائی دیتا ہے۔ ان کے افسانوں کے انتخاب،، نفرت کے دنوں میں۔،، کے ایک افسانے،، اصل واقعہ کی زیروکس کاپی،، سے یہ دو اکتساب ہندوستانی معاشرے کی بے راہروی کی انتہا کو سمجھنے کے لئے کافی ہیں۔

،، سموئل یہ بھی آدمی ہے۔۔۔ وہ بے اختیار ہو کر ہنسا____ جیسے اس دبلے پتلے سے آدمی کو ہتھکڑیوں میں دیکھتے ہوئے ہنسنے کے علاوہ دوسرا کوئی کام نہیں کیا جاسکتا۔

"آدمی۔۔۔ تم کیا سمجھتے ہو سموئل، اس نے کوئی جرم کیا ہو گا۔ میں دعوے کے ساتھ کہہ سکتا ہو۔ یہ آدمی ایک مکھی بھی نہیں مار سکتا۔

"آپ کا دعویٰ صحیح ہے یور آنر، سموئل نے قدرے کھل کر اس کی طرف دیکھا____"

"یہ مکھی بھی نہیں مار سکتا۔ مگر پچھلے دنوں آپ نے وہ چرچا سنا ہو گا۔ ایک شخص نے اپنی دو بیٹیوں کے ساتھ۔۔۔ اپنی سگی دو بیٹیوں کے ساتھ۔۔۔"

"کیا یہ شخص۔۔۔"

سموئل نے سر کو جنبش دی۔ "یور آنر، یہ وہی شخص ہے۔"

اب اسی کہانی کا آخری حصہ دیکھیئے۔

،،وہ جبر، کشمکش کا ٹوٹ جانے والا لمحہ اس سے بھی کہیں زیادہ بھیانک ہو سکتا ہے سموئل___ ایک بچی___ 'چھوٹی ہے۔۔۔ باپ اسے دلار کر رہا ہے___ پیار کر رہا ہے، بڑی ہوتی ہے___ اسکول جاتی ہے۔۔۔ بیل کی طرح بڑھتی ہے___ کونپل کی طرح

پھوٹتی ہے ___ گاہے بہ گاہے باپ کی نظریں اس پر پڑتی ہیں ___ وہ اس سے بچنا چاہتا ہے۔۔۔ بچنے کے لئے وہ شادی کی بات چھیڑتا ہے ___ وہ کئی کئی طرح سے اسے رخصت کرنے کی بات سوچتا ہے ___ اور بس چھپنا چاہتا ہے۔۔۔ بچنا چاہتا ہے ___ پھر ڈرنے لگتا ہے اپنے آپ سے۔۔۔ جیسے ایک نئی صبح شروع کرنے والے اخبار اور اخبار کی خون اگلتی سرخیوں سے۔۔۔"

"تم ایک گناہ کی وکالت کر رہے ہو ___ " سموئل پھر چیخا۔

"نہیں، اس نے جھرجھری بھری ___ " جنگ ہمیں تباہ کر رہی ہے سموئل۔۔۔ اور کنڈوم ہمیں اپنی طرف کھینچ رہے ہیں۔۔۔"

وہ جیسے ہی چپ ہوا، کچھ دیر کے لئے دونوں طرف خاموشی چھاگئی۔

اختتام

معزز قارئین! اگر آپ اسے سچ مچ کہانی مان رہے ہیں تو اس کہانی کا اختتام بہت بھیانک ہے۔۔۔ بہتر ہے آپ اسے نہ پڑھیں اور صفحہ پلٹ دیں۔

مقدمہ ختم ہوا تو دونوں اپنے معمول میں لوٹ آئے۔۔۔

اس کے چہرے پر مسکراہٹ تھی۔۔۔ بدلی بدلی سی مسکراہٹ۔۔۔ "سموئل، ہر مقدے کا ایک فیصلہ بھی ہوتا ہے۔۔۔ میں سمجھتا ہوں، تمہیں فیصلہ ابھی اسی وقت سنانا چاہئے۔۔۔"

"یس یور آنر۔۔۔ سموئل بے دردی سے ہنسا۔ ذرا توقف کے بعد اس نے ایک بوتل کھول لی۔ اس کی طرف دیکھ کر بولا۔۔۔ " دو پیگ بناؤں یور آنر۔۔۔

"فیصلہ کا کیا ہوا۔۔۔؟" اس کی آنکھوں میں مدہوشی چھا رہی تھی۔۔۔

سموئل نے دو پیگ تیار کر لئے۔ پھر جیب میں ہاتھ ڈال کر ایک چیز نکالی۔ وہ اسے

دکھاکر مسکرایا۔ یہ امریکن کمپنی کا بنا ہوا کنڈوم کا پیکٹ تھا۔ وہ مسکرایا۔۔۔ تو یہ ہے فیصلہ یور آنر۔۔۔ وہ آچکی ہے۔۔۔ آواز لگاؤں۔۔۔"

"تم ایسے ہر معاملے میں، بہت دیر کرتے ہو سموئل۔۔۔ کہاں ہے وہ۔۔۔؟"

اس نے گلاس ٹکرائے۔۔۔ سموئل نے دروازہ کی طرف دیکھا۔ منہ سے سیٹی بجانے کی آواز نکالی۔ اسی کے ساتھ دروازے سے ایک لڑکی

برآمد ہوئی۔۔۔

معزز قارئین! ذرا ٹھہر جایئے۔ اس انجام کے لئے میرا دل سو سو آنسو رو رہا ہے مگر۔۔۔ اس لڑکی کو آپ بھی پہچانتے ہیں۔۔۔!

مشرف عالم ذوقی نے اپنے افسانوں کے لئے جن موضوعات کا انتخاب کیا ہے ان میں سے بیشتر ایسے تجربات ہیں جو اس سے قبل نہیں کئے گئے۔ ان مسائل کا زمینی، علاقائی، نفسیاتی اور بنی نوع انسان کے شعوری، لاشعوری اور تحت الشعوری مسائل سے ہونے کے ساتھ ساتھ اپنے فردیت کے عجیب و غریب الجھے ہوئے تصورات سے بھی ہے۔

مشرف عالم ذوقی نے زندگی میں ایسے کرداروں کا غور سے مطالعہ اور مشاہدہ کیا ہے، ان کے کرداروں اور واقعات میں بعض مکروہ ہونے کے باوجود حقیقت کی پوری اور بھرپور تصویریں پیش کرتے ہیں۔ برصغیر پاک و ہند برسوں یورپی تسلط میں رہا ہے۔ نو آبادیات کی لعنتوں میں ریڈ لائٹ ایریا ایک مکروہ لعنت ہے، یہ قابلِ غور بات ہے کہ یورپی جارحیت پسند جہاں کہیں گیا وہاں ریڈ لائٹ ایریا قائم کرتا گیا اس سے وہ دو باتیں حاصل کرنا چاہتا تھا۔ اول یورپی یلغار کنند گان کے لئے جنسی غذا، دوسرے شہریوں خاص طور پر نوجوان نسل کی توجہ اس جانب مبذول کر کے اخلاق باختہ تہذیب کی تخصیص۔

غلامی کے دور میں چکلوں اور ناچ گانے کے بازاروں کو قانونی تحفظ تو حاصل تھا ہی مقامی بردہ فروشوں کو بھی سرکاری تحفظ ملا ہوا تھا، ہر رنگ و نسل کی بچیوں کو اغوا کر کے اپنے آقا کی خوشنودی کے بعد کوٹھوں کی زینت بنا دیا جاتا تھا، جہاں منٹو کے قلم نے ان بازاروں میں جاتے باپ بیٹے کو روشنی کے ایک چھناکے سے بے نقاب کیا، وہیں مشرف عالم ذوقی نے نو آبادیات کی اس مکروہ لعنت کے معاشرے میں پھیل جانے والے ناسور کو اپنی کہانیوں میں ایسے رشتوں کے حوالے سے مصور کیا ہے جو محرم کہلاتے ہیں، ہندو کلچر میں محرم کا تصور اس انداز سے نہیں ہے جس انداز سے مسلمان کلچر میں موجود ہے، یہ تو نہیں کہا جا سکتا کہ ایسے واقعات ہمارے ہاں نہیں ہوتے، جنس ایک جبلت ہے کہیں بھی کبھی بھی سر اٹھا سکتی ہے لیکن اسلام کی تعلیمات اسے ایک حد سے آگے جانے کی اجازت نہیں دیتی لیکن ہندو معاشرے پر موجودہ یورپی جنسی آزادی کے اثرات نمایاں ہیں۔ ہندوستانی معاشرت میں رہتے ہوئے مشرف عالم ذوقی نے جبلت کو خاص طور پر اپنی کہانیوں میں جگہ دی ہے۔ یہ نہیں ہے کہ ان کی کہانیوں پر صرف اسی کا غلبہ ہے، انہوں نے اپنے اس مجموعے میں شامل کرنے کے لئے ۲۵ کہانیوں کا خود انتخاب کیا ہے۔ جس کی پہلی کہانی تو وہی ہے جس کی بنیاد پر اس مضمون کی عمارت کھڑی ہے، اس کے علاوہ باپ بیٹا ، دادا پوتا، انکوبیٹر، لینڈ سکیپ کے گھوڑے، فزکس کیمسٹری الجبرا، فرج میں عورت، بارش میں ایک لڑکی سے بات چیت، کاتیائن بہنیں، مرد، صدی کو الوداع کہنا، ڈریکولا، بیٹی، بازار کی ایک رات، غلام بخش، بوڑھے جاگ سکتے ہیں، نفرت کے دنوں میں اور شاہی گلدان، وغیرہ، یہ تمام کہانیاں بڑی مضبوط اور توانا ہیں، اپنے مخصوص مکالماتی اور ڈرامائی اسلوب میں مختلف تیور دکھاتے ہوئے کہانیوں کی بنت ہوئی ہے۔ کہانی پر اپنی گرفت کی بنا پر مشرف عالم ذوقی قاری کو ساتھ ساتھ لے کر چلتے ہیں اور کہانی کے

اختتام پر کہانی اچانک قاری کو چونکا دیتی ہے بالکل اسی طرح جیسے منٹو قاری کو چونکا دیتا ہے۔ مشرف عالم ذوقی کی کہانی کی ایک اور بات جو ہمیں یہ کہنے پر مجبور کر رہی ہے کہ ان کی کہانی پر ڈرامہ حاوی ہے اور وہ ہے ان کا مکالماتی انداز اور ڈرامے کے ہر سین کے منظرنامے کی طرح کہانی کے ہر حصے کو سرخیوں سے سجانا، کہانی کا ایک ابتدائیہ اور اختتامیہ بھی تحریر کرنا۔ مشرف عالم ذوقی کے کہانی لکھنے کے اس انداز نے ہمیں بچپن کا وہ وقت یاد دلا دیا جب ہم کہانی کے اختتام پر کہانی سے حاصل ہونے والا درس بھی پڑھا کرتے تھے۔

Nature of Musharraf Alam Zauqi's stories. Essay: Raza Siddiqui

✲✲✲

۴

# دلیپ کمار: ایک ہمہ گیر شخصیت اور لازوال اداکار

شکیل وحید اللہ خان

دلیپ کمار دنیا میں اردو بولنے والوں کیلئے کیلئے عالمی شہرت رکھنے والا ایک ایسے دمکتے ستارے کے مانند ہیں جن کی فنی اداکاری کی مہک اور ہمہ گیر شخصیت ہونے کی وجہ سے نہ صرف ہندوستان بلکہ پاکستان اور دوسرے ممالک میں ان کے مداح ان کو ہمیشہ سے عزت کی نگاہ سے دیکھتے ہیں۔ دلیپ کمار صرف ایک شخص کا نام نہیں بلکہ وہ اپنی ذات کے اندر ایک عہد کی حیثیت اختیار کر چکے ہیں ان کی فن اداکاری ہندوپاک میں ایک رول ماڈل کے طور پر جانی جاتی ہے۔

۱۱/ دسمبر ۱۹۲۲ء کو محلہ خداداد قصہ خوانی بازار پشاور کے ایک چھوٹے سے گھر میں مقیم لالا سرور خان کے یہاں یوسف خان نامی بچے کی ولادت ہوئی۔ پشاور کی در و دیوار، محلوں یہاں تک کہ اس شہر کے بسنے والوں کو بھی یہ اندازہ نہیں تھا کہ یہ یوسف خان دلیپ کمار بن کر ہندوستان اور پاکستان کے دلوں پر راج کرنے والا ایک لازوال کردار بن کر ایک نئی تاریخ رقم کرے گا۔ دلیپ کمار کے والد لالا سرور خان پیشے کے لحاظ سے فروٹ کا کاروبار کرتے تھے۔ مادری زبان ہندکو تھی وہ کاروباری لحاظ سے نرم مزاج تھے ان کا خانوادہ پشاور کے انتہائی معزز اور جانے پہنچانے لوگوں میں شمار کیا جاتا تھا۔

۱۹۳۰ء میں کاروباری معاملات کے حوالے سے پشاور سے بمبئی (ممبئی) اپنے اہل خانہ کے ہمراہ تشریف لے گئے۔ اس وقت یوسف خان کی عمر محض ۸ سال تھی۔ ہندوستان کی سرزمین ممبئی میں اپنا پہلا قدم رکھتے ہوئے انہیں خود بھی اس بات کا علم نہیں تھا کہ ممبئی شہر انہیں ان کی محنت اور سر انگیز شخصیت ہونے کی وجہ سے شہرت کی بلندیوں پر لے جا کر پوری دنیا میں ان کی پہچان نہ صرف ایک عظیم شخصیت بلکہ ایک عظیم اداکار کے طور پر بھی نمایاں کرنے میں کلیدی کردار ادا کرے گا۔

دلیپ صاحب کی اداکاری میں کامیابی کی بنیادی وجہ ان کی شخصیت میں سنجیدہ پن، اپنے کام سے بے حد لگاؤ اور فن اداکاری کو سنجیدگی سے لیتے ہوئے صرف اپنے کام تک محدود رہنا ان کی کامیابی کی دلیل سمجھی جاتی ہے۔ اہل پشاور کے دلوں میں آج بھی دلیپ صاحب ایک تابندہ ستارے کی مانند اپنی چمک اور دمک کے ساتھ عزت اور احترام کے ساتھ زندہ ہیں۔

بدقسمتی کا یہ عالم ہے کہ دلیپ کمار صاحب جب ۱۹۹۸ء میں پشاور تشریف لائے تھے تو اہل پشاور نے ان کی آمد کو اپنے لئے ایک تحفہ خداوندی سمجھا اور اتنی بھیڑ جمع ہوگئی کہ دلیپ صاحب کو اپنا گھر دیکھنا نصیب نہیں ہوا اور دل میں بچپن کی یادیں حسرت بنا کر ہندوستان واپس لوٹ گئے۔ دلیپ کمار صاحب کی یادوں کو زندہ رکھنے کیلئے پختونخوا کی سابقہ حکومت نے ان کے آبائی گھر کو خریدنے کے فیصلہ کر لیا تھا لیکن اچانک اپنے ہی فیصلے سے دستبردار ہو کر اپنے ماتھے پر ایک بدنما داغ ہمیشہ کیلئے چھوڑ دیا اب موجودہ حکومت یعنی پاکستان تحریک انصاف جس کے سربراہ عمران خان ہیں، پشاور کے عوام اور کلچرل ہیریٹیج کونسل حکومت سے مطالبہ کر رہی ہے کہ وہ ان کے آبائی گھر کو خرید کر تاریخی ورثے کے طور پر عوام کیلئے محفوظ کر دیں اور یہ مطالبہ اس وقت سے لے کر آج

تک تسلسل کے ساتھ جاری ہے۔

پشاور میں دلیپ صاحب کی سالگرہ منانے کا بنیادی مقصد یہ بھی ہوتا ہے کہ ان جیسی خوشیاں منانے سے ہندوستان اور پاکستان کی میڈیا کو جنتا کو ایک دوسرے سے قریب سے قریب تر لانے میں مدد حاصل ہو سکے۔ سال ۲۰۱۲ء میں دلیپ صاحب کی سالگرہ کے موقع پر اہل پشاور سے سائرہ بانو اور دلیپ صاحب کی گفتگو آج بھی پشاور کے لوگوں کو یاد ہے۔ اس سال دلیپ صاحب کی ۹۱ ویں سالگرہ دوبارہ اسی شان و شوکت سے پشاور میں منائی جا رہی ہے۔ جس میں ہندوستان کی فلم انڈسٹری سے تعلق رکھنے والے کامیڈین اداکار جانی لیور، وحیدہ رحمان، ونود کھنہ، فلم ساز اور اور اسکرین پلے رائٹر ساگر سرحدی دلیپ کمار کی شخصیت اور فنی خدمات کے حوالے سے اہل پشاور سے ٹیلیفونک خطاب کریں گے۔ آخر میں دلیپ کمار اور سائرہ بانو خود بھی مخاطب ہوں گے۔ یقیناً یہ لمحات اہل پشاور کو ہمیشہ یاد رہیں گے۔

دلیپ کمار کی صحت، بیماری کی وجہ سے اب وہ نہیں رہی لیکن ان کی محبت اور ان کی جان دار اداکاری ہمیشہ انہیں زندہ رکھنے میں مددگار ثابت ہوگی۔ پشاور میں ان کے نام سے منسوب ان کا آبائی گھر اب انتہائی خستہ حالی کا شکار ہو کر کسی بھی وقت گر سکتا ہے۔ اہل پشاور اور دلیپ کمار کے درمیان ان کا آبائی گھر ان کے لازوال رشتہ کو مضبوط رکھنے میں ایک اہم کردار ادا کر رہا ہے لیکن اس کا مطلب ہرگز یہ نہیں کہ اگر مکان نہیں رہا یا اسے قدرتی آفات نے زمیں بوس کر دیا تو اہل پشاور کے دلوں سے دلیپ صاحب کی محبت ختم ہو جائے گی یہ محبت اب ایک بندھن اور مضبوط زنجیر بن کر اپنے رشتوں کو مضبوط سے مضبوط تر کر چکا ہے لیکن اس بات سے بھی انکار ممکن نہیں کہ اہل پشاور ان کے مکان کو یونہی اپنے سامنے گرتا ہوا دیکھیں گے اس پر افسوس نہ کیا جائے۔

موجودہ حکومت کی بے حسی کا عالم یہ ہے کہ کلچر اور ہیریٹیج کے نام سے ناواقف ایسے وزراء اور مشیروں کا انتخاب کیا جاچکا ہے جن کو اپنے تاریخی ورثوں کو محفوظ کرنے کا سلیقہ تک نہیں آتا۔ انہیں یہ بھی نہیں معلوم کہ جو قومیں اور جو حکومتیں اپنی تاریخ کو زندہ نہیں رکھ پاتیں یا ان کا تحفظ نہیں کر سکتیں تاریخ بھی انہیں مسخ کر کے ان کا نام و نشان اپنے اوراق سے مٹا دیتی ہے۔

ہماری خواہش تھی کہ اس سال دلیپ کمار کی سالگرہ پشاور کے شہریوں کا وفد بنا کر ان کے ساتھ ممبئی میں گزاریں گے اور تحفتاً اس گھر کی چابی ان کو دیں گے لیکن حکومت کی عدم دلچسپی کی وجہ سے شہریوں کا یہ خواب شرمندہ تعبیر نہ ہو سکا۔ راج کپور کا گھر بھی اب اپنی خستہ حالی کی وجہ سے گرنے کے قریب ہے ان گھروں کو بچانا حکومت وقت کی اولین ذمہ داری ہے۔

یاد رہے کہ خیبر پختونخوا کی سرزمین سے جنم لینے والوں میں منوج کمار، ونود کھنہ، ساگر سرحدی، شاہ رخ خان، راج کپور، انیل کپور کے والد سرندر کپور، پریم ناتھ، مدھو بالا، امجد خان کے والد جینت (زکریا خان) جیسے عظیم بین الاقوامی شہرت یافتہ ادار کا شامل ہیں۔ حال ہی میں محمد ابراہیم ضیاء کی تحریر کردہ کتاب "پشاور کے فنکار" میں ان تمام عظیم ہستیوں کا ذکر ہے جن کی بدولت پشاور کو تاریخی لحاظ سے ہمیشہ قدر کی نگاہ سے دیکھا جائے گا۔

Dilip Kumar - a vibrant personality and legendary actor.
Essay: Shakeel Waheedullah Khan

***

۵

# مجمع الصفات: پروفیسر بیگ احساس

## قدیر زماں

بیگ احساس نے بڑے ہی تکلف سے مجھے فون پر اطلاع دی کہ ۲۸ تا ۳۰ نومبر تین دن کے جشن کا اہتمام ان کے چاہنے والوں نے کیا ہے اور کہا کہ آخری دن کا پروگرام شہر میں ہو گا۔

سوچنے لگا بیگ احساس کی کن صفات پر بات کروں۔ تب بیگ کی صفات تتلیوں کی طرح میری آنکھوں کے سامنے منڈلانے لگیں۔ رنگ برنگی تتلیوں کو پکڑنے کیلئے بچے جس طرح پیچھے بھاگتے ہیں، میں نے بھی ان کا پیچھا کیا۔ زیادہ تتلیاں ہاتھ آئیں تو ان کا سنبھالنا مشکل ہو جاتا ہے۔ چند کا ذکر کئے دیتا ہوں۔ کمی میرے دامن کی کوتاہی کا گلہ ضرور کرے گی۔

اولاً بیگ احساس کی اسی صفت کا ذکر کروں گا کہ وہ ایک معتبر شخصیت کے حامل ہیں۔ ان میں ثقہ پن ہے۔ یہی مثال لے لیں کہ اپنے جشن کے بارے میں اطلاع دیتے ہوئے تکلف کیوں کیا؟ کوئی دوسرا ہو تو اپنے کئی دوستوں کو ٹیلی فون پر اطلاع دیتا۔ خط لکھتا اور یہ بھی فرمائش کرتا کہ اس جشن میں اسے کچھ بولنا ہے۔ بیگ نے ایسا کچھ نہیں کیا۔ آخر میں شرماتے شرماتے صرف اتنا کہا "گچی باؤلی یا شہر آپ کہیں بھی آسکتے ہیں"۔

دوستوں ہی کی بات ہے تو یہ عرض کردوں کہ بیگ احساس کسی کو آسانی سے دوست نہیں بناتے۔ احتیاط مہینوں اور برسوں تک جاری رہتی ہے۔ خود میرے معاملہ میں چالیس سال سے زائد ہو چکے ہیں۔ نہیں جانتا کہ میں ان کا کتنا دوست ہوں اور کتنا نہیں۔ ورنہ یہ بھی دیکھنے میں آیا کہ وہ کسی سے برسوں تک اجنبی کی طرف ملتے رہے اور اجنبی کی طرح ہی جدا ہو گئے۔ یہ ان کی دوسری صفت ہوئی۔ تتلی بڑی تیزی سے نظر کے سامنے سے او جھل ہو گئی۔

تیسری بار ایک ساتھ کئی تتلیاں نظروں میں منڈلائیں۔ بیگ احساس کے دوستوں میں چند اہم مشہور و معروف شخصیتیں بھی ہیں۔ ان کی بڑائی وہ دل سے مان لیتے ہیں۔ بہت کم اس بڑائی کا ذکر کرتے ہیں کہ کہیں خوشامد نہ ہو جائے۔ کچھ دوسری طرح کے احباب بھی ہیں۔ ان کی کوتاہیوں سے بھی خوب واقف ہیں لیکن میں نے بیگ احساس کو کبھی ان کی برائی کرتے نہیں سنا۔ معلوم نہیں یہ صفت انہوں نے مغنی تبسم صاحب سے سیکھی ہے یا یہ ان کی اپنی جبلت ہے۔ زیادہ تر خاموش رہنا یا کسی کی تعریف کی بات ہو تو چند گنے چنے الفاظ استعمال کرنا ورنہ چپ رہ جانا ہی ان کا رویہ ہے۔ خاموش رہنے اور خوشامد سے بچے رہنے کی صفات کو آپ تیسری اور چوتھی شمار کر لیں۔

اس کے بعد جو تتلی نظر کے سامنے آئی وہ مچھر کی صفت کی لگتی تھی۔ ابھی ہاتھ آجائے گی لیکن ہاتھ کے پہنچنے سے پہلے وہ نظروں سے غائب ہو جاتی۔ میں نے سوچا بیگ صاحب کا کوئی حریف دشمن بھی تو ہو گا۔ اس سے کوئی ناگوار حرکت سرزد ہو جائے تو اسے درگزر بھی کر دیں گے۔ اتنی بھری پری دنیا میں کوئی شخص تو ایسا ہو سکتا ہے جسے ڈنک مارنے کی عادت ہوتی ہے اور جو سب کا دشمن بن جاتا ہے۔ ایسا شخص خود بھی دوسروں کو اپنا دشمن سمجھ بیٹھتا ہے۔ ایسے شخص کو بیگ کبھی نہیں بخشیں گے۔ مرد مجاہد کی

یہ بھی تو ایک نشانی رصفت ہے۔ یہ پانچویں صفت ہے۔

دوستوں کے سلسلے کی یہ بھی ایک کڑی ہے کہ اگر بیگ احساس کے کسی دوست کا کوئی دشمن نکل آئے تو ایسے شخص سے وہ دور رہیں گے اور سارے کبھی اپنا دوست نہیں بنائیں گے۔ اسے آپ چھٹی صفت شمار کر لیں۔

دوستوں اور رشتہ داروں کی بات ہے تو بیگ کی ایک بنیادی اور اہم صفت یہ بھی ہے کہ وہ اپنے کنبے کو بہت چاہتے ہیں۔ انہیں سنبھال کر رکھتے ہیں۔ یہ عادت انہیں بچپن ہی سے ودیعت ہے۔ شائد اس کا سبب کبر سنی میں اپنے والد کی رحلت اور اس کے بعد قریبی رشتہ داروں سے ہمیشہ کیلئے بچھڑ جانا ہو سکتا ہے۔ سبب جو بھی ہو اپنے کنبے سے جڑے رہنا ہندوستانی مرد کی اہم صفت ہے اور ایسے لوگ اور ملک کی خوش حالی اور آسودگی کے بعد بھی فکر مند رہتے ہیں۔ یہ ساتویں صفت ہوئی۔ یہ بسیط اور وسیع ہے۔

اب ذرا ہم تتلیوں کے اس چمن سے نکلتے ہوے آگے بڑھتے ہیں۔ بیگ احساس کی ان دیگر صفات کو تلاش کریں، جو آفاقی ہیں۔ ان کا انکشاف تو ہم پر اس وقت ہوا جب وہ ماہنامہ سب رس کے مدیر بنے۔ قبل ازیں انہیں اپنے پروفیش کے مشاغل سے اتنی فرصت ہی نہ ملی کہ وہ ان کی طرف قدم بڑھاتے۔ اپنے جذبات کا اظہار کرنا چاہیں تو کس سے کریں اور کس ذریعہ سے کریں۔ یہ جاننے کیلئے کچھ اور نہیں سب رس کے جنوری ۲۰۱۳ء کے تازہ شماروں کے اداریوں پر سرسری نظر ڈال لیں۔ ملک میں جو بھی بلات کار ہوئے اور جو دھاندلیاں ہوئیں ان کا ذکر بیگ احساس نے کس دکھ سے کس موثر پیرائے میں کیا اور قوم کو جھنجھوڑا ہے اس کا اندازہ ہو گا۔

۲۳ سالہ فزیو تھراپی کی طالبہ ہو کہ کوئی ۸۰ سال کی ضعیف عورت یا پانچ سال کی بچی، ان کے دل دہلا دینے والے سانحات، احتجاج کرنے والوں پر پولیس کا لاٹھی چارج،

کہیں آبی توپوں کا استعمال تو کہیں بندوق کی گولیاں۔ گلوبلائزیشن، صارفیت، سائنس اور ٹکنالوجی کی کار فرمائیاں۔ آفات سماوی کے حادثات کے دوران انسان کی کمینگیاں، ایک طرف جسٹس مارکنڈے کاٹجو کے بیانات اور اردو کا بدلتا منظر نامہ تو دوسری طرف رشدی، اشیش نندی اور دیپا مہتا کی کارستانیاں۔

کتنی ہی ایسی باتیں ہیں جن پر مدیر صاحب نے اپنے قلم کو دو دھاری نہ بنایا ہو۔ اخبارات میں روز خبریں شائع ہوتی ہیں۔ لوگ پڑھتے اور بھول جاتے ہیں۔ بیگ احساس صرف اردو اخبارات پر اکتفا نہیں کرتے۔ ان کی نظر دیگر جرائد اور ٹی وی پر بھی رہتی ہے اور ہر اس واقعہ کو اپنے اداریے میں شامل کرلیتے ہیں اور ان کا ذکر اس دلخراش انداز میں کرتے ہیں کہ لوگ ان سے عبرت پاکر ان کے سدباب کیلئے کچھ تو کریں۔ ان کے اداریے بہ یک وقت کئی مسائل پر محیط ہوتے ہیں اور دو تین صفحات سے کم نہیں ہوتے۔ ایک قلم کا دھنی اس سے زیادہ کیا کرسکتا ہے یہاں تک کہ انہوں نے اپنے ہی پیشے سے متعلق تعلیمی جامعات میں ہونے والی بے راہ رویوں کو بڑی بے باکی سے بیان کیا۔

ایک او گوشہ بیگ احساس کے علمی و ادبی اور تخلیقی کارناموں کا رہ جاتا ہے۔ مجھے یقین ہے کہ جشن کے شرکاء اس موضوع پر تفصیلی سے روشنی ڈالیں گے۔ میرا بھی فرض بنتا ہے کہ میں بھی کچھ کہوں۔ بیگ احساس عمر میں مجھ سے ۱۵، ۱۴ سال چھوٹے ہوسکتے ہیں، میری طرح انہوں نے بھی اپنی ابتدائی زندگی میں علم حاصل کرنے اور کچھ کر گذرنے کی بڑی جدوجہد کی ہے۔ اسی سے میں سمجھتا ہوں کہ وہ اس میدان میں میرے ہم عصر ہیں۔ ان سے میری پہلی ملاقات ان دنوں ہوئی جب وہ "فلمی تصویر" میں کام کرتے تھے۔ اس کے بعد ادبی محفلوں میں ملتے رہے لیکن جیسا کہ میں نے کہا ہے وہ کسی کو اپنا دوست بنانے میں بڑی احتیاط برتتے ہیں تاہم ہماری قربتیں بڑھتی گئیں۔ تیزی سے نہیں

بلکہ آہستہ آہستہ یہ قربتیں دوستی میں بدل گئیں۔ پھر بھی میں کہہ نہیں سکتا کہ دوستوں کی مختصر فہرست میں میری جگہ کہاں ہے۔

یہ اتفاق کی بات ہے کہ میں نے HSC کے بعد اپنا کیریئر ٹائپسٹ کی حیثیت سے شروع کیا۔ بیگ احساس نے بھی غالباً اپنا کیریر ٹائپسٹ ہی سے شروع کیا۔ ڈاکٹر آف فلاسفی کی سند حاصل کی۔ لکچرار سے ریڈر اور پھر پروفیسر بنے۔ صدر شعبہ کی حیثیت سے ملک کی نامور یونیورسٹیوں میں فائز رہے۔ استاد کی حیثیت سے نام کمایا۔ اپنے طلباء اور ہم منصبوں میں یکساں مقبول ہوئے۔ درس و تدریس میں جو رتبہ انہوں نے حاصل کیا ان کے بہت کم شریک کاروں کو نصیب ہوا ہو گا۔ تخلیقی فن کار کی حیثیت سے بھی نام کمایا۔ فکشن میں کسی ایک تحریک یا رجحان کے تابع نہ رہے۔ ان کے افسانے جدید بھی ہیں اور علامتوں سے بھرپور بھی۔ تدریس، تخلیق ان کے رگ وپے میں بسی ہوئی ہے۔

ریٹائرمنٹ سے ان کی شخصیت اور کارکردگی میں سے کوئی فرق پڑنے والا نہیں ہے۔ ان کی اس مستند شخصیت و کوئی دھکا نہیں لگا سکتا جو ان کے پھیلائے ہوئے علم و ادب اور ان کے تحلیقات کی دین ہے۔ بیگ احساس کو ایک اچھے استاد، اچھے فن کار اور ایک اچھے انسان کی حیثیت سے ہمیشہ یاد رکھا جائے گا۔

Prof. Baig Ehsas - A bunch of qualities. Essay: Qadeer Zaman

***

## ۶

# ہم نے لَہُور دیکھا !

## معصوم مرادآبادی

"جس نے لاہور نہیں دیکھا، وہ سمجھو پیدا ہی نہیں ہوا۔"

لاہور کے بارے میں یہ پنجابی کہاوت نہ جانے کب سے زبان زد خاص وعام چلی آتی ہے۔ واقعی لاہور دیکھنے کی جگہ ہے۔ جہاں دیر تک ٹھہرنے اور شہر کی رونقوں سے لطف اندوز ہونے کو جی چاہتا ہے۔ لاہور کا یہ سفر جو محض تین دنوں پر محیط تھا، پوری بائیس سال بعد پیش آیا تھا۔ جس زمانے میں ہند۔پاک سرحد پر امن وامان کی حکمرانی تھی تو ہم جیسے نہ جانے کتنے لوگ سال میں ایک دوبار وہاں ہو آتے تھے لیکن جب سے حالات بگڑے ہیں تو سب کچھ بدل گیا ہے۔ ہمارے میزبان جناب عطاالحق قاسمی نے جب فون پر یہ کہا کہ آپ 'آن فٹ' یعنی پیدل لاہور آجائیں تو مجھے دفعتاً ابن بطوطہ کی یاد آئی اور دیر تک پیدل سفر کی صعوبتوں کے بارے میں سوچتا رہا کیونکہ پاکستان کے پیدل سفر کا یہ پہلا تجربہ تھا۔ میری مشکل جناب نارنگ ساقی نے یہ کہہ کر آسان کردی کہ "میں بھی جارہا ہوں۔ آپ کسی طرح امرتسر پہنچ جائیں۔ لاہور وہیں سامنے تو ہے۔" ۲۲ نومبر کی صبح امرتسر سے جناب نارنگ ساقی اور سرینگر کی شاعرہ شبنم عشائی کے ساتھ واگہہ بارڈر کی طرف کوچ کیا اور غالباً آدھے گھنٹے بعد ہم لاہور کے دروازے پر کھڑے تھے۔ وہ سرحد

جس کی دونوں طرف ہندوستان اور پاکستان واقع ہیں اسے عبور کرنا اتنا آسان ہے، یہ کبھی سوچا بھی نہیں تھا۔ ہندوستانی خطے سے جب پاکستانی خطے پر نظر ڈالی تو وہاں عطا الحق قاسمی الحمراء آرٹس کونسل کے پورے قافلے کے ساتھ گلدستوں سمیت ہمارے استقبال کے لئے موجود تھے۔ لیجئے ہم لاہور پہنچ گئے۔ دہلی اور لاہور میں صرف ایک ہی فرق نظر آیا کہ ہمارے ہاں دُکانوں اور کاروباری اداروں پر سائن بورڈ انگریزی میں نظر آتے ہیں اور وہاں سب کچھ اردو میں لکھا ہوا تھا۔ حتیٰ کہ لاہور ٹرانسپورٹ کی بسوں پر اُن کی منزل کا نام بھی اردو میں درج تھا۔ ہم چوتھی الحمرا عالمی ادبی وثقافتی کانفرنس میں شرکت کے لئے لاہور گئے تھے اور اس کانفرنس کا محور و مرکز ہی اردو زبان وثقافت

تھی۔ پیچھے پیچھے ممتاز شاعر فرحت احساس اور علینا عترت رضوی بھی لاہور پہنچ گئے۔ ٹائمز آف انڈیا (حیدرآباد) کے ایڈیٹر کنگ سکھ ناگ ہم سے پہلے ہی وہاں پہنچ چکے تھے اور لدھیانہ سے کیول دھیر نے بھی لاہور میں دستک دے دی تھی، جو پاکستانی ناول نگار ابدال بیلا کے ہمزاد نظر آئے۔ اس طرح ہندوستانی وفد کی تکمیل ہوئی اور پورا لاہور تین دن تک علم وادب، ثقافت اور آرٹ، صحافت اور موسیقی کے رنگ میں شرابور ہوگیا۔ ابدال بیلا نے ہندوستان پر انگریزی راج اور تقسیم کے تناظر میں ۲۴۰۰ صفحات پر مشتمل جو ضخیم ناول 'دروازہ کھلتا ہے' اُردو میں لکھا ہے، اس کا ہندی ترجمہ کیول دھیر نے کیا ہے اور اس ناول کے ہندی ترجمے کی اشاعت لاہور کے سنگ میل پبلشر نے کی ہے۔ پاکستان میں شائع ہونے والی ہندی کی یہ چوتھی کتاب ہے۔

۲۳ تا ۲۵ نومبر ۲۰۱۳ کو لاہور میں منعقدہ چوتھی الحمرا عالمی ادبی وثقافتی کانفرنس ہر اعتبار سے کامیاب رہی۔ اس سہ روزہ کانفرنس میں جہاں ایک طرف پاکستان کے تمام اہم ادیبوں، شاعروں، صحافیوں اور موسیقاروں نے شرکت کی، وہیں امریکہ، برطانیہ،

جرمنی، ایران، مصر، ہندوستان اور بنگلہ دیش کے مندوبین نے بھی شرکت کی۔ اس کانفرنس کے روح رواں ممتاز مزاح نگار اور شاعر عطا الحق قاسمی تھے، جنہوں نے اپنی شب وروز کی محنت سے اس کانفرنس کو نقش جاوِداں بنادِیا۔ اس کانفرنس کی سب سے بڑی خوبی یہ تھی کہ تین دن تک سینکڑوں مندوبین اور حاضرین صبح ۱۰ بجے سے رات ۲ بجے تک بڑی تندہی کے ساتھ اس میں شریک رہے۔ حتیٰ کہ رات کو محفل مشاعرہ اور رقص وموسیقی میں حاضرین کی تعداد ہزاروں تک جا پہنچتی تھی۔ پاکستان میں اردو ادب، زبان اور تہذیب وثقافت کے تئیں عوام وخواص میں بڑی گرم جوشی پائی جاتی ہے۔ نئی نسل کے قلمکاروں اور فنکاروں نے یہ احساس بھی دلایا کہ پاکستان میں اردو زبان وادب اور فنون لطیفہ کی نئی اور دل آویز کونپلیں پھوٹ رہی ہیں۔

کانفرنس کی افتتاحی تقریب کی خصوصیت یہ تھی کہ جہاں ایک طرف اسٹیج پر وزیر اعظم نواز شریف موجود تھے تو وہیں ان کے پہلو میں شاعر مشرق علامہ اقبال کے فرزند جسٹس ڈاکٹر جاوید اقبال تشریف فرما تھے، جنہوں نے 'مسلم ثقافت کے روشن چہرے' پر بڑی بھرپور روشنی ڈالی۔ اِسٹیج پر موجود اُردو کے دو عظیم فکشن نگاروں عبد اللہ حسین (مصنف :اُداس نسلیں) اور انتظار حسین کی موجودگی قابل رشک تھی تو وہیں ایران اور مصر سے تشریف لانے والے اردو کے دو اساتذہ ڈاکٹر علی بیات اور ڈاکٹر ابراہیم مصری رونق افروز تھے، جن کی تقریر سن کر نواز شریف کو یہ کہنا پڑا کہ "یہ تو ہم سے بھی اچھی اُردو بولتے ہیں۔" ڈاکٹر علی بیات نے اردو زبان وادب میں ڈاکٹریٹ کی ڈگری حاصل کی ہے اور وہ تہران یونیورسٹی میں شعبہ اردو کے صدر ہیں، جہاں ۸۰ طلبا اور طالبات اردو ادب کی تعلیم حاصل کررہے ہیں۔

افتتاحی اجلاس کے بعد دوسرا اِجلاس اردو افسانے کے حوالے سے برپا کیا گیا اور اس

میں اردو افسانے کو انتظار حسین، عبد اللہ حسین، انور سجاد، منشایاد اور مسعود مفتی کے تناظر میں پرکھنے کی کوشش کی گئی۔ اس نشست کی صدارت ڈاکٹر سلیم اختر اور ڈاکٹر رضوان الرحمن نے کی اور میزبان کے طور پر ڈاکٹر آصف فرخی شریک رہے۔ اظہار خیال کرنے والوں میں ممتاز افسانہ نگار اور کالم نویس محترمہ زاہدہ حنا کے علاوہ 'سب رنگ' ڈائجسٹ کے بانی مدیر شکیل عادل زادہ کے علاوہ مسعود اشعر، نیلم احمد بشیر، ڈاکٹر مبین مرزا اور سعادت سعید نے مایہ ناز افسانہ نگاروں کے فن پاروں کے تناظر میں دلچسپ تجزیے پیش کئے۔ دلچسپ بات یہ تھی کہ جب مقالے پیش کئے جا رہے تھے تو عبد اللہ حسین اور انتظار حسین سامعین کی صفوں میں موجود تھے۔ مقررین کا خیال تھا کہ اردو میں مکالماتی فکشن کا آغاز انتظار حسین نے کیا اور ان کے افسانے انسانی، اخلاقی اور روحانی زوال کو پیش کرتے ہیں۔ شکیل عادل زادہ نے عبد اللہ حسین کے فن پر تبصرہ کرتے ہوئے کہا کہ ان کی تخلیق کے شیش محل میں رنگارنگی ہے اور ان کے فن پاروں میں دیہی ثقافت کی بھرپور ترجمانی ملتی ہے۔ وہیں زاہدہ حنا نے نہایت شستہ زبان میں لکھے ہوئے اپنے مضمون سے حاضرین کا دِل جیت لیا۔

کانفرنس کے دوسرے روز یعنی ۲۴ نومبر کا پہلا اجلاس 'طنز و مزاح' کے نام تھا جو اس کانفرنس کی کامیاب ترین نشستوں میں سے ایک تھا۔ اسٹیج پر مہمان خصوصی کے طور پر ڈاکٹر یونس بٹ موجود تھے۔ میزبان عطا الحق قاسمی کے علاوہ مزاحیہ شاعر ڈاکٹر انعام الحق کی موجودگی اس محفل کی رونقوں کو دوبالا کر رہی تھی۔ اس نشست میں الحمرا آرٹس کونسل کا سب سے بڑا ہال کھچا کھچ بھرا ہوا تھا اور طنزیہ اور مزاحیہ مضامین کے درمیان ڈاکٹر انعام الحق کے مزاحیہ اشعار عجیب لطف پیدا کر رہے تھے۔ اس نشست میں جہاں ایک طرف اُردو اسکالروں نے پطرس بخاری، شفیق الرحمن، مشتاق احمد یوسفی،

ابن انشا، کرنل محمد خاں اور عطا الحق قاسمی کے منتخب فن پاروں کی قرات کی، وہیں پاکستان کے معروف مزاح نگار حسین احمد شیرازی نے طنز و مزاح کے فن کا نہایت بلیغ انداز میں تعارف پیش کیا۔ اس نشست میں اداکار شجاعت ہاشمی نے اپنی دلکش آواز سے حاضرین کو متاثر کیا۔

نئے لکھنے والوں میں اشفاق احمد ورک، گل نوخیز اختر، وقار خاں، حافظ مظفر محسن اور علی رضا احمد نے یہ احساس دِلایا کہ پاکستان میں طنز و مزاح کے نئے لکھنے والے پورے اعتماد کے ساتھ اس فن میں شریک ہو رہے ہیں۔ اس نشست میں ڈاکٹر انعام الحق کے مزاحیہ اشعار کو خوب داد ملی اور عطا الحق قاسمی کے مضمون پر لوگوں نے خوب قہقہے لگائے۔ اس محفل میں ڈاکٹر یونس بٹ نے جناب عطا الحق قاسمی کا ایک نہایت دلچسپ خاکہ پیش کیا جسے سن کر لوگ لوٹ پوٹ ہو گئے۔ مزاحیہ شاعر ڈاکٹر انعام الحق کے دو شعر ملاحظہ ہوں:

پولیس کرا لیتی ہے ہر چیز برآمد
اس سے بھی جس نے چرائی نہیں ہوتی

-----

منزل درست ہے نہ عقیدہ درست ہے
ہر دیدہ وَر کا ایک ہی دیدہ درست ہے

دوسرے دن کا چوتھا اجلاس 'ہندوستان میں اردو۔ مسلمانوں کی زبان؟' کے عنوان سے منعقد ہوا جس کی صدارت ڈاکٹر خواجہ محمد زکریا اور نظامت ممتاز شاعرہ کشور ناہید نے کی۔ دیگر شرکا میں ڈاکٹر تحسین فراقی، عطا الحق قاسمی اور ڈاکٹر عبدالواحد (بنگلہ دیش) شامل تھے۔ ہندوستان کی نمائندگی کیول دھیر اور راقم الحروف نے کی۔ اس موضوع پر

ڈاکٹر تحسین فراقی نے ہندوستان کے غیر مسلم اردو ادیبوں اور شاعروں کی اُردو خدمات پر روشنی ڈالی۔ راقم الحروف نے ہندوستان میں اردو زبان کی صورتِ حال پر اظہار خیال کرتے ہوئے کہا کہ جن علاقوں میں اُردو تعلیم کا بندوبست ہے، وہاں اردو زبان وادب نے ترقی کی ہے اور جہاں اردو تعلیم کے سوتے خشک ہو چکے ہیں، وہاں اردو زبان جاں بلب ہے۔

البتہ مرکزی اور ریاستی حکومتیں اردو زبان وادب کی ترویج واشاعت میں مصروف ہیں۔ مرکزی حکومت کی وزارت برائے فروغ انسانی وسائل کے تحت قائم قومی کونسل برائے فروغ اردو زبان کی خدمات لائق تحسین ہیں۔ ملک کی ۱۶ ریاستوں میں اردو اکیڈمیاں قائم ہیں اور تمام اہم یونیورسٹیوں میں اردو کے شعبے قائم ہیں۔ دہلی اردو اکیڈمی ملک کی سب سے سرگرم اور نیک نام اکیڈمی ہے۔

دوسرے روز کی نشست کا اختتام کل پاک۔وہند مشاعرے پر ہوا۔ جس کی صدارت ممتاز پاکستانی شاعر ظفر اقبال نے کی اور مہمانِ خصوصی کی حیثیت سے انور شعور شریک ہوئے۔ اس مشاعرے میں جن تین ہندوستانی شعرا کو مدعو کیا گیا تھا ان میں فرحت احساس، شبنم عشائی اور علینا عترت رضوی شامل تھیں۔ ان تینوں مہمان شعرا کو اسٹیج پر بٹھایا گیا اور وہیں میزبان عطا الحق قاسمی بھی موجود تھے۔ مشاعرے کی نظامت غریدہ فاروقی نے کی۔ اس مشاعرے میں ۵۰ سے زیادہ مقامی شعرا نے اپنا کلام سنایا اور بیشتر نے سامعین سے داد حاصل کی۔ سب سے زیادہ داد ایک نوجوان نابینا شاعر تیمور حسن کو ملی۔ سامعین میں سے ایک صاحبِ خیر نے اس نابینا شاعر کی مدد کے لئے ایک لاکھ روپے کی رقم پیش کی۔ تیمور کے دو شعر ملاحظہ ہوں:

اے قہقہے بکھیرنے والے !تو خوش بھی ہے

ہنسنے کی بات چھوڑ کہ ہنستا تو مَیں بھی ہوں
ظاہر کی آنکھ سے نظر آتا نہیں مجھے
لیکن حضور! محوِ تماشا تو مَیں بھی ہوں

قابل ذکر بات یہ ہے کہ اس مشاعرے میں تمام شعرا نے تحت میں کلام سنایا اور مشاعرے کی اکلوتی ناکام شاعرہ وہ تھیں جنہوں نے نور جہاں کے ترنم میں اپنا کلام سنانے کی ناکام کوشش کی۔ پاکستان میں مشاعروں کی خاص بات یہ ہے کہ یہاں شعرا حضرات کرسی پر بیٹھ کر کلام سناتے ہیں اور اسی شاعر کو داد ملتی ہے جس کے کلام میں 'شاعری' پائی جاتی ہے۔ ترنم میں پڑھنا یہاں معیوب سمجھا جاتا ہے۔ یہ مشاعرہ رات ڈیڑھ بجے تک جاری رہا اور ہر شاعر کو صرف ایک غزل سنانے کی اجازت دی گئی۔ اس مشاعرے میں پاکستان کے نامور شاعر عباس تابش کا یہ شعر خاص طور پر پسند کیا گیا۔

ایک مدت سے میری ماں نہیں سوئی تابش
میں نے ایک روز کہا تھا مجھے ڈر لگتا ہے

آخری روز یعنی ۲۵ نومبر کے پہلے اجلاس کا عنوان تھا 'شاعری میں نئی اصناف کا مستقبل'۔ اس اجلاس کی صدارت کشور ناہید نے کی اور مہمان خصوصی کے طور پر ڈاکٹر خورشید رضوی اور ڈاکٹر شبنم عشائی (سرینگر) شریک ہوئیں۔ جبکہ پینلسٹ میں مسعود اشعر ڈاکٹر عبدالواحد (بنگلہ دیش) ڈاکٹر علی بیات (ایران)، پروفیسر نعمان الحق، اصغر ندیم سید، انعام الحق جاوید اور منصور آفاق نے مباحثے میں حصہ لیا۔ دوسرا اجلاس کلاسیکل اور جدید موسیقی پر مبنی تھا۔ اس اجلاس کے کوآرڈینیٹر ڈاکٹر عمر عادل تھے اور پینلسٹ میں حامد علی خاں، احمد عقیل روبی، عقیل عباس جعفری اور ڈاکٹر امجد پرویز تھے۔

امن کی آشا اور ہمارا میڈیا کے زیر عنوان کانفرنس کا اختتامی اجلاس خاصی اہمیت کا

حامل تھا اور اس اجلاس کو خطاب کرنے کے لئے ہندوستان سے راقم الحروف کے علاوہ ٹائمس آف انڈیا (حیدرآباد) کے ایڈیٹر کنگ سکھ ناگ کو مدعو کیا گیا تھا۔ جبکہ پاکستان کی نمائندگی وہاں کے ممتاز صحافیوں نجم سیٹھی، محمود شام، عارف نظامی، مجیب الرحمن شامی، سہیل وڑائچ، افتخار احمد، سلیم صافی، اوریا مقبول جان اور آفاق خیالی (امریکہ) نے کی۔

سہ روزہ کانفرنس کا اختتام محفل موسیقی پر ہوا۔ جس میں پاکستانی موسیقاروں حامد علی خاں، عطا اللہ، صنم ماروی، ترنم راز اور سارہ رضا خاں نے ایسا سماں باندھا کہ لوگ سب کچھ بھول گئے۔ اس پروگرام کو سننے والوں کی تعداد ہزاروں میں تھی اور الحمرا آرٹس کونسل کے سب سے بڑے آڈیٹوریم کے باہر آویزاں اسکرین پر کھلے آسمان کے نیچے لوگ مسحور ہو رہے تھے۔

A visit to Lahore. - Essay: Masoom moradabadi

* * *

۷

# کراچی : جیسا میں نے دیکھا

## زینت حسام

زینت حسام پاکستان کی معروف ادیبہ ہیں۔ وہ "پاکستان انسٹی ٹیوٹ آف لیبر ایجوکیشن اینڈ ریسرچ" سے وابستہ تھیں۔ اب ریٹائرڈ زندگی گزار رہی ہیں۔ "نفسیات" میں ماسٹرس کی ڈگری حاصل کی، محنت وافرادی قوت اور جبری مشقت کے حوالے سے تسلسل کے ساتھ تحقیقی مقالات تحریر کئے، نیز "خواتین کی ترقی" کے موضوع پر مضامین قلم بند کئے۔

مجھے میٹھادر کے اُس گھر کا صرف لکڑی کا وہ زینہ یاد ہے، جس پر چلنے سے دھمک پیدا ہوتی تھی۔ ہم بچے اس پر کود کود کر چڑھتے اترتے وہ دھمک ایک گونج میں بدل جاتی۔ یا پھر پرانی وضع کے خوبصورت نمونے والے ٹائلوں سے بنا چمک دار فرش۔ میٹھادر کے بازار میں واقع اس چھوٹے سے چار منزلہ دکان کے نچلے حصے میں جوتوں کی دکان تھی اور ہر منزل پر دو کمروں پر مشتمل ایک فلیٹ۔ پہلی منزل پر دادا، دادی اور دادا کی پہلی مرحوم بیوی کی اولاد، دوسری منزل پر بڑے ابا کا کنبہ، تیسری منزل پر امی، ابا اور ہم بہن، بھائی (اُس وقت ہم دو بہنیں اور دو بھائی تھے) اور چوتھی منزل پر چچا کا کنبہ۔ میں اسی گھر میں پیدا ہوئی تھی، کھارادر کے میٹرنٹی اسپتال میں کام کرنے والی ایک عیسائی نرس کی نگرانی میں۔

ابا بیس سال کی عمر میں، ستمبر ۱۹۴۷ء میں کانپور سے کراچی آئے تھے، امی اور ایک

سالہ ضیاء (بھائی) محمود بھائی کے ساتھ۔ پھر چچا اور تایا کا کنبہ آیا اور اس کے بعد دادا دادا کو بلایا گیا۔ چھوٹے تایا کان پور چھوڑنے کا تیار نہ ہوئے اور ہی کوئی پھوپھا، لہٰذا چاروں پھوپھیاں اور ان گنت دوسرے رشتہ دار وہیں رہے۔ نانی، نانا اور ماموں ممانی امی کی خاطر پاکستان آ گئے تھے۔

دادا کا شمار مسلمانوں کے محلے کرنل گنج کے معزز لوگوں میں ہوتا تھا۔ دادا کا کپڑوں کی چھپائی، بلاک پرنٹنگ کا ایک چھوٹا سا کارخانہ تھا۔ دادا نمازی پرہیز گار تھے اور انہوں نے بیٹوں کو بھی دین کی طرف راغب کیا۔ ایک مولوی بچوں کی تعلیم پر مامور تھے۔ بچے اسکول بھی جاتے، لیکن زور دینی تعلیم پر رہا۔ مولوی صاحب مغربی تعلیم کے سخت خلاف تھے اور دادا کو بقول ابا، بھڑکایا کرتے کہ بچوں کو اسکول بھیجنے کی کیا ضرورت ہے۔ ابا باغی نکلے۔ مسجد سے بھاگتے، مولوی سے چڑتے۔ ابا کا کہنا ہے کہ ان خاندانی مولوی نے ابا کو دین کی طرف راغب کرنے کیلئے اتنا زچ کیا کہ ابا کا دل دینی تعلیم کے ساتھ دنیاوی تعلیم سے بھی اچاٹ ہو گیا۔

چھٹی پاس کرنے کے بعد ابا نے اسکول کا دوبارہ رخ نہ کیا۔ کاروبار سے بھی ابا کو رغبت نہ تھی، ان کے مشغلے تھے، فلمیں دیکھنا، کتابیں پڑھنا، دوستوں میں رہنا، گھومنا پھرنا، کباڑیوں کی دکانوں میں جانا، انوکھی چیزیں، خاص طور پر پرانے کیمرے خریدنا اور تصویریں بنانا، تقسیم ہند سے پہلے ابا نے اپنی کھینچی ہوئی ایک تصویر السٹرٹیڈ ویکلی آف انڈیا کے ایک انعامی مقابلے میں بھیجی تھی جس کو انعام بھی ملا تھا۔ ابا کے پاؤں ییں چکر تھا، دل میں جنوں۔ لڑکپن ہی میں ہندوستان کے کئی شہر گھوم چکے تھے۔ اکثر دادا سے جھگڑ کر گھر چھوڑ جاتے۔

دوسری جنگ عظیم کے زمانے میں جب جرمنی نے برما پر حملہ کیا تو آسام خالی ہونے

لگا۔ ابا نے ٹرین پکڑی اور آسام روانہ ہو گئے۔ ابا بتاتے ہیں کہ اس ٹرین میں واحد مسافر تھے۔ لڑکپن میں عشق ہو گیا تھا۔ ابا نے دھمکی دی کہ اگر اس لڑکی سے شادی نہ ہوئی تو وہ زہر کھالیں گے، لیکن دادا بھی ضد کے پکے تھے، ابا اس بات پر بھی گھر چھوڑ کر چلے گئے، پھر ایک سال بعد امی سے اُن کا بیاہ کر دیا گیا۔ امی دادا کی پسند تھیں۔

کراچی میں میٹھادر کے قریب کاغذی بازار میں بنارسی ساریوں، کم خواب، زربفت کا مشترکہ کاروبار شروع ہو گیا۔ دکان میں ایک دو چھتی ہوا کرتی تھی۔ ابا کو اب تک دکانداری سے دلچسپی نہ ہوئی تھی، انہوں نے دو چھتی پر دیوار سے لگے لکڑی کے کھانچوں پر اپنی جمع کی ہوئی کتابیں سلیقے سے جمائیں۔ جب ابا کراچی سے آئے تھے تو کتابوں سے بھرے کئی صندوق کانپور کی کسی لائبریری کو دے دیئے تھے اور صرف تین چار صندوق ہی ساتھ لا سکے تھے، دو چھتی میں فرش اور چاندنی بچھائی گئی تھی اور گاؤں تکیے رکھے ہوئے تھے۔ دکان کی یہ دو چھتی دوپہر کے کھانے اور قیلولے کیلئے استعمال ہوتی تھی، ابا یا تو دکان میں پائے ہی نہ جاتے، یا آتے بھی تو کتابیں پڑھا کرتے۔

گھر چھوٹا تھا، اس لئے وہاں دو چار کتابوں سے زیادہ نہ رکھتے تھے۔ کتابوں کا ذخیرہ اردو ادب اور شاعری کے نسخوں، دیوانوں، ادب لطیف، عالم گیر، ہمایوں، ساقی اور دوسرے رسالوں کے انبار پر مشتمل تھا۔ پچاس کی دہائی میں پاکستان سے نکلنے والے تمام رسالوں۔ سویرا، نقوش، داستان گو، لیل و نہار، نصرت وغیرہ کے شمارے ابا محنت سے سنبھال کر رکھتے تھے۔ اکثر رسالوں کی خود نیلے رنگ کی جلد بناتے اور اس پر اپنا نام کندہ کرتے۔ یہ کام ابا کانپور میں بھی کرتے تھے۔ کتابوں کی دنیا سے میرا پہلا تعارف کاغذی بازار کی دکان کی اسی دو چھتی میں ہوا۔

میں جب پانچ برس کی ہوئی تو یہ مشترکہ خاندان میٹھادر سے اٹھ کر پیر الٰہی بخش

کالونی کے ایک دو منزلہ مکان میں منتقل ہو گیا تھا، جس میں لگے امرود کے پیڑوں کی پھل دار شاخیں دوسری منزل کے کمرے کی کھڑکی اور چھجے تک آتی تھیں۔ ہم بچے چلچلاتی دوپہر کی خاموشی میں کچے امرود توڑ توڑ کر کھاتے اور پیر کالونی کی خاک آلود گلیں میں کھیلا کرتے۔

ایک سال بعد پھر نقل مکانی ہوئی۔ دادا کا انتقال چکا تھا۔ محمود بھائی اپنے کبنے کے ساتھ ملیر جابسے تھے، اب ہم سب لوگ شہید ملت روڈ سے متصل پنجابی سوداگران ہاوسنگ سوسائٹی میں واقع کرائے کے دو منزلہ مکان میں اٹھ آگئے تے، جس میں چار فلیٹ تھے۔ ایک فلیٹ میں دہلی کا ایک مختصر ساخاندان تھا۔ والدین اور دو لڑکے مسعود اور ہارون، باقی تین فلیٹوں میں بڑے ابا، چچا اور ابا اپنے اپنے ڈھیر سارے بچوں کے ساتھ رہائش پذیر ہوئے۔ یہ ۱۹۵۹ء کی بات ہے۔

تب کراچی کی زمین میں ہم بچوں کیلیئے وسیع کائنات تھی۔ سوسائٹی میں اکا دکا مکانات تھے۔ ہماری گلی میں صرف تین مکان تھے۔ ہمارے مکان سے متصل مالک مکان، تقی صاحب کا گھر اور گلی کے سرے پر ایک ایک اور مکان، باقی پلاٹ خالی تھے۔ دوسری گلیوں میں بھی یہی صورتحال تھی۔ ہر گھر کے احاطے اور احاطے سے باہر مختلف طرح کے پیڑ پودوے ہوتے تھے، امرود، آم، شریفے، گلاب، چنبیل، موتیلا احاطے کے اندر اور باہر بادام، جامن، املی، نیم، گل مہر، بوگن ویلیا، ہمارے گھر میں عین مقابل ایک کھنڈر سا تھا۔ غالباً کسی نے چار دیواری اٹھائی تھی، پھر کسی وجہہ سے دیواریں منہدم کر دی گئی تھیں۔ اینٹوں کے ملبے، ٹوٹی ہوئی دیواروں اور خودرو جھاڑیوں میں چھپکلیاں اور گرگٹ رینگا کرتے۔

احتشام بھائی جان اور انعام بھائی (میرے تایازاد بھائی) گنیں لیے ان گرگٹوں کا شکار

کیا کرتے، مجھ سے چھ برس بڑے ضیا بھائی کا وقت انعام بھائی کے ساتھ گزرتا۔ نورالصباح ، عائشہ احترام (تایازاد)، صبحیہ (چچازاد)، میں، عذرا اور ریاض۔ ہم بچوں کا غول زیادہ وقت باہر ہی منڈلاتا رہتا۔

ہم سب بہن بھائیوں کو باہر گھومنے کی یکساں آزادی تھی۔ ہم گلیوں اور سڑکوں سے سگریٹوں کے خالی پیکٹ اکٹھا کر کے ان کے قلعے اور مینار بناتے، جن کو بنانے سے زیادہ ڈھانے میں لطف آتا۔ کانچ کی چوڑیوں کے ٹکڑے چن کر انہیں آگ دکھا کر زنجیریں تیار کی جاتیں۔ تب کراچی میں کوڑے کرکٹ کے ڈھیر اتنے نہ ہوتے تھے۔ پلاسٹک کی تھیلیوں کا رواج نہ تھا۔ کاغذ کی پڑیوں یا پھر سلے ہوئے کپڑے کے تھیلوں میں سودا آتا۔ سڑکوں پر کاغذ، سگریٹوں کے ڈبے اور ٹوٹی پھوٹی چیزیں تو پڑی ہوتی تھیں، لیکن گیلا کچرا نہ ہوتا تھا۔

کراچی میں تتلیاں بھی بے تحاشہ ہوتی تھیں۔ خاص طور پر برسات کے بعد تتلیاں امنڈ آتیں۔ ہم بچوں نے تتلیوں کے مختلف نام دیئے ہوئے تھے۔ سبز اور سیاہ "بادشاہ تتلی"، نارنجی پروں پر سیاہ و سفید دھبے والی "ملکہ تتلی" نقرئی جامنی "شہزادی تتلی" انعام بھائی نے ایک چھوٹا سا جالی کا ڈبا بھی بنایا تھا، جس میں وہ تتلیوں کو پکڑ کر بند کرتے۔ مجھے اور نورالصباح کو تتلیاں چھونے کا بڑا شوق تھا۔ ہم منت سماجت کر کے ڈبے سے تتلی نکلواتے پھر فخر کے ساتھ انگلیوں پر اترے رنگ ایک دوسرے کو دکھاتے۔ بارش کے بعد میدان میں بیر بہوٹیاں امنڈ آتیں اور سب بچے ماچس کی خالی ڈبیا لیے ہوئے بیر بہوٹیوں کو پکڑنے میں شام کر دیتے، پھر اپنی اپنی ڈھونڈی ہوئی بیر بہوٹیاں گنی جاتیں اور پھیلی ہوئی ہتھیلیوں پر رکھی سرخ مخملی مخلوق پر انگلیاں پھیری جاتیں۔

آج یہ بات یاد کرتے ہوئے بھی عجیب سا محسوس ہوتا ہے کہ کراچی میں کبھی بچے

تتلیاں اور بیر بہوٹیاں پکڑا کرتے تھے۔ یا یہ کہ کبھی یہاں قدم قدم پر بڑے بڑے سبز پتوں والے بادام کے پیڑ ہوتے تھے اور زمین پکے ہوئے سرخ باداموں سے پٹی رہتی تھی۔ رفتہ رفتہ کراچی سے بادام، امرود، جامن، شریفے اور املی کے پیڑ غائب ہوتے گئے اور شہر سفیدے کے لپیٹ میں آگیا۔

ابا اور امی دونوں ہی کو کتابیں پڑھنے کا شوق تھا۔ امی بتاتی ہیں جن دنوں مجھ سے دو سال چھوٹی بہن پیدا ہوئی۔ امی صالحہ عابد حسین کا نام "عذرا" پڑھ رہی تھیں۔ میرے بڑے بھائی کا میرا اور اس بہن کا نام مولانا احتشام الحق تھانوی (جن سے دادا کے خاندانی مراسم تھے) نے تجویز کیا تھا۔ ضیاء الدین، زینت النساء، طلعت النساء، طلعت ان دنوں تین چار ماہ کی ہوگی، نام ساتویں دن طلعت رکھ دیا گیا، لیکن امی کو عذرا ناول اس قدر بھایا کہ انہوں نے طلعت کا نام بدل کر عذرا رکھ دیا۔ امی ہم بچوں کو کہانیاں پڑھ کر سنایا کرتیں۔

کتابیں خریدنے کا شوق ضیاء بھائی، مجھے اور عذرا کو بھی تھا۔ ہم لوگ جیب خرچ کا زیادہ حصہ کتابیں اور رسالے خریدنے میں صرف کرتے۔ اُس زمانے میں بچوں کی (اردو) کہانیاں چار آٹھ آنے، روپے دو روپے میں آتی تھیں۔ انگریزی کی Archie کامکس اور رنگین، باتصویر، عمدہ نیوز پرنٹ پر چھپی Fairy Tales ایک روپے میں ایک ملا کرتیں۔ یہ ۱۹۶۰ء کی دہائی کی بات ہے۔ ہم بچوں کی کتابیں اور رسالے تو گھر میں لڑھکتے پھرتے، لیکن ابا اب تک اپنی کتابیں اور رسالے کاغذی رسالے میں واقع دکان کی دو چھتی ہی میں ذخیرہ کر رہے تھے۔ دو کمروں کا تنگ فلیٹ تھا اور بچوں کی بڑھتی ہوئی تعداد۔ ابا صرف چند ایک کتابیں دیوار میں بنی الماری میں رکھا کرتے، جس کے پٹ ہمیشہ بند رہتے۔ رات کو سونے سے پہلے بستر پر لیٹ کر ابا مجھ سے الماری کھلواتے۔ جس کی کنڈی مجھے

مونڈے پر چڑھ کر کھولنی پڑتی۔ پھر ایک کتاب نکلواتے۔

مجھے صرف ایک کتاب دے ہے، ممتاز مفتی کی "علی پور کا ایلی" یہ ایک بے حد ضخیم کتاب تھی، مجلد، سبز اور خاکی ڈسٹ کور پر غالباً ٹڈے بنے ہوئے تھے، میں یہ کتاب مونڈھے پر چڑھ کر احتیاط سے نکال کر ابا کو دیتی۔ ٹڈے کی سرورق پر بنی تصویر دیکھ کر ایک دفعہ میں پوچھا، ابا! کیا یہ ٹڈے کی کہانی ؟"

ابا نے ہنس کر کہا تھا، "ہاں"۔ ابا سے مجھے ایک شکایت تھی وہ اس کتاب کے دو چار یا اٹھ دس صفحے پڑھ کر، نشانی لگا کر مجھ سے واپس رکھوا دیتے۔ مجھے یہ بے صبری کہ آخر ابا اسے فوراً پورا کیوں نہیں پڑھ ڈالتے۔

ابا کو گاڑی چلانے کا بڑا شوق تھا۔ وہ سیکنڈ ہینڈ گاڑی خریدتے اور ہر سال گاڑی تبدیل کرتے۔ کبھی آسٹن، کبھی ہلیمین فورڈ کی سفید اسٹیشن ویگن کی یاد بے حد واضح ہے۔ وہ ہم بچوں کو بہت پسند تھی۔ پچھلے حصے میں بیٹھ کر ڈگی کا دروازہ کھلا رکھا جاتا۔ خاندان کے تمام بچوں کو گاڑی میں بھر کر ابا سیر کرانے لے جاتے۔ کلفٹن کو ٹھاری پریڈ ہم بچوں کی پسندیدہ جگہ تھی، ہم سب گنبد نما کھلی عمارت کے اطراف جودھ پوری پتھر کی بنی چکنی ڈھلان پر چڑھ کر پھسلا کرتے۔ اتوار کے اتوار ہاکس بے، سینڈز پٹ اور پیراڈائز پوائنٹ کا چکر لگتا۔ اکثر شام کو صدر میں واقع کیفے جارج میں ہم بچوں کو آئس کریم کھلانے لے جاتے۔

منگھو پیر بھی ایک دو دفعہ گئے۔ سٹی ریلوے اسٹیشن اور اے ئرپورٹ بھی تفریحی کی غرض سے جایا کرتے۔ ابا دوست تھے ایم ایف آئس کریم فیکٹری کے مالک۔ ہم بچے اکثر ابا کے سر ہو جاتے کہ ہمیں ان کی فیکٹری کی سیر کرائیں۔ فیکٹری ملیر کے مضافات میں تھی اور آس پاس ان کے امرود کے باغات ہوا کرتے تھے۔ پہلے باغ جا کر جی بھر کر

امرود کھائے جاتے، پھر فیکٹری کی سیر کرتے آئس کریم کے لالچ میں آئس کریم سے نہ صرف وہیں خاطر تواضع کی جاتی بلکہ ایم ایف آئس کریم کے ڈبے بھی تحفے میں ملتے۔ ہم بچوں کا ہر شام موٹر میں سیر کرنا لازمی ہوتا، اگر کہیں دور نہیں تو ابا ہمیں سوسائٹی کی گلیوں ہی کے چکر لگانے لے جاتے۔

ہل پارک کے قریب ایک گلابی رنگ کا بنگلہ تھا۔ گنبدوں، محرابی کھڑکیوں اور محرابی دروازوں والے اس منفرد بنگلے کے دو گیٹ تھے۔ لکڑی کے اندر اور بڑا سا پورچ تھا۔ ہم بچوں کو یہ گھر بڑا سحر انگیز دکھائی دیتا، بالکل پریوں کا محل، اُس بنگلے پر اکثر سناٹا چھایا رہتا اور دونوں گیٹ ہمیشہ کھلے ہوتے۔ ابا ایک گیٹ سے گاڑی اندر گزارتے اور دوسرے گیٹ سے نکال لیتے اور ہم بچے سحر زدہ اس کے در و دیوار دیکھتے رہ جاتے۔ گو اس بنگلے کا رنگ آج بھی گلابی ہے، لیکن اب کے در و دیوار پر اس فسوس، معصومیت اور مہمان نوازی کی جگہ کرختگی اور سرمہردی نے لے لی ہے۔ دیواریں بلند ہو چکی ہیں اور بند آہنی گیٹوں کے باہر ایک چوکیدار بیٹھا ہوتا ہے۔ سال میں ایک دفعہ ایک تفریح کا موقع بند روڈ پر بھی ملتا۔

یہ دس محرم کو نکلنے والے تعزیے اور علم کے بڑے جلوسوں اور ماتم کے دیدار کا موقع ہوتا، یہاں ہم ماموں کے ساتھ جایا کرتے۔ نانا، نانی، ماموں، ممانی اور میری ہم عمر خالہ ملیر میں رہتے تھے۔ یہ شیعہ محلہ تھا۔ آٹھ دس گھر سنیوں کے بھی تھے۔ ہم بچے اٹھ محرم نانی کے گھر رہنے آجایا کرتے۔ محلے ہونے والے مجلسوں میں شریک ہوتے۔ چھریوں کا ماتم اور ذوالجناح دیکھنے کے چکر میں نو اور دس محرم کی راتوں کو جاگتے رہنے کی کوشش کرتے۔ جب نیند سے آنکھیں بوجھل ہونے لگتیں تو امی، نانی یا ممانی کو تاکید کر کے ہمیں جلوس کے وقت ضرور اٹھایئے گا، صحن میں بچھی چار پائیوں پر پڑ کر

سو جاتے۔ واقعتاً ہمیں جلوس نکلنے پر جھنجھوڑ جھنجھوڑ کر جگایا جاتا اور ہم بچے دروازے کھول کر دہلیزوں پر کھڑے ہو جاتے۔ تنگ گلیوں سے جب جلوس اور ذوالجناح گزرتے تو یہ سب اتنے قریب سے دیکھنے کی عجب خوشی ہوتی۔ بندر روڈ پر البتہ گھروں کی چھتوں پر چڑھ کر ماتم دیکھا جاتا۔

اُس زمانے میں لوگ گھروں کے دروازے کھلے ہی رکھتے تھے اور بندر روڈ پر رہنے والے اتنے مہمان نواز ہوتے تھے کہ سب کو چھتوں اور منڈیوں پر ٹک کر جلوس دیکھنے کی بخوبی اجازت دے دی جاتی تھی۔ خاص طور پر بچوں کو۔

اُسی زمانے میں ابا نے سراج الدولہ روڈ کے اُس پار دارالامان ہاوزنگ سوسائٹی میں زمین خریدی۔ مکان کی تعمیر شروع ہوئی۔ اب ہم بچوں کی آوارہ گردی کا دائرہ وسیع تر ہو گیا۔ پلاٹ پر جانے کے بہانے ہم آس پاس کی گلیوں اور تھوڑے فاصلے پر واقع پہاڑی تک جانے لگے۔ یہ پہاڑی جو اب ہل پارک کہلاتی ہے، بڑے بڑے پتھروں، جنگلی جھاڑیوں، خودرو پودوں اور گھاس پھوس سے ڈھکی ہوتی تھی۔ پہاڑی پر دو تین پگڈنڈیاں ہوتی تھیں۔ جنہیں لوگ سوسائٹی کے دوسرے حصے کو عبور کر کے ڈرگ روڈ (شارع فیصل) تک پہنچنے کیلئے استعمال کرتے، لیکن پہاڑی پر ہم بچے کبھی اکیلے جانے کی ہمت نہ کر پائے۔

احتشام بھائی جان کے پیچھے پڑتے کے پہاڑی پر چلیں اور سب بچے ان کے پیچھے پیچھے بھاگتے دوڑتے پہاڑی پر چڑھتے۔ پہاڑی کے اوپر سے دوسری طرف ڈھلان پر بنے مکانات، کھلونے اور سڑک پر چلتی موٹریں ماچس کی ڈبیاں نظر آتیں۔ ہم سب بچے دہلی مرکنٹائل سوسائٹی (ڈی ایم ایس) اسکول میں پڑھتے تھے، جو گھر کے قریب ہی تھا۔ جب میں پانچویں جماعت میں آئی تو لڑکیوں کی علیحدہ شاخ کھلی جو شہید ملت روڈ کے پار کوکن

سوسائٹی میں واقع تھی۔ شہید ملت روڈ اس زمانے میں ایک تنگ اور ٹوٹی پھوٹی دورویہ سڑک ہوا کرتی تھی۔ جو ڈرگ روڈ کو جیل روڈ سے ملاتی تھی، سڑک کی دو پٹیوں کے درمیان ایک وسیع و عریض میدان تھا۔ گھر سے اسکول تک پندرہ منٹ کا فاصلہ تھا اور ہم بچے کھیلتے کودتے، شہید ملت روڈ کا میدان پار کرتے اسکول پہنچتے۔ (یہ سڑک ستر کی دہائی کے وسط میں چوڑی ہوئی) اسکول کے بعد اکبر میں نورالصباح اور دو تین سہلیاں گھر کی طرف لوٹتے اور گھر سے آگے واقع جھیل پارک چلے جاتے۔ (یہ سوسائٹی کا وہی پارک ہے جو ستر کی دہائی کے آخر میں کٹ کٹا کر چھوٹا ہوا، اُسی کی دہائی میں یہاں رہائشی منصوبہ شروع ہوا جو شہریوں کے دباؤ کی وجہ سے اب تک کھٹائی میں پڑا ہوا ہے۔) مجھے یہ باغ بے حد پسند تھا، اس کی وجہ نفاست سے تراشی ہوئی ہری بھری باڑھیں تھیں، جو باغ کو چھوٹے چھوٹے چوکور احاطوں میں تقسیم کرتی تھیں۔ یہ سبز دیواریں ہمارے قد سے اونچی ہوا کرتی تھیں، ہم ان سبز دیواروں کے گرد گھومتے اور دنیا و مافیا سے بے خبر اپنی دنیا میں گم ہو جاتے۔ بے شک جب ہم باغ سے واپسی لوٹتے تو پوچھا جاتا کہ ہم کہاں تھے، لیکن یہ ہماری ماؤں کیلیئے کوئی ایسی پریشان کن بات نہ تھی۔ وہ پر سکون دور تھا کراچی کا۔ مجھے یاد ہے ہم بچیوں کی طرف سے ہماری اماؤں کو صرف ایک دفعہ پریشانی لاحق ہوئی تھی کہ بچیوں کے کانوں سے سونے کی بالیاں کوئی اُتار نہ لے۔ ہوا یوں کہ ایک دفعہ میری چھوٹی تایازاد بہن روتی ہوئی گھر پہنچی کہ ایک بابا نے اُس کے کانوں سے سونے کی بالیاں اتار لی ہیں۔ اس واقعے کا ردعمل صرف یہ ہوا تھا کہ ہمارے کانوں سے سونے کی بالیاں اتار دی گئی تھیں، ہمارا گھومنا پھرنا اسی طرح جاری رہا۔

ساٹھ کے عشرے میں طارق روڈ پر کیفے لبرٹی کے آس پاس چند دکانیں کھل چکی تھیں، یہ اسٹیشنری، کتابوں اور کپڑوں کی دُکانیں تھیں۔ لندن بک ہاؤس، گلستان بک

اسٹال اور پچھلی گلی میں (جواب دوپٹہ گلی ہے) ایک دو اسٹیشنری کی دکانیں اور ایک چھوٹی سی لائبریری ہوا کرتی تھی۔ طارق روڈ ہمارے گھر سے پندرہ منٹ کے فاصلے پر تھا، میں اور عذرا ہفتے میں کئی چکر لندن بک ہاؤس اور لائبریری کے لگاتے۔ کتابوں کے علاوہ ہم دونوں کا کاغذ کی بنی گڑیا جمع کرنے کا بڑا شوق تھا۔ لندن بک ہاؤس سے باقاعدگی سے یہ کاغذ کی گڑیاں خریدی جاتیں۔ ہم دونوں اکثر اکیلے ہی طارق روڈ جایا کرتے تھے۔ کتابوں کا شوق ہم اُس زمانے میں ایک چلتی پھرتی لائبریری سے بھی پورا کرتے تھے، اس لائبریری کا مالک ایک نرم گو، شفیق چہرے والا ادھیڑ عمر کا آدمی تھا، جو ایک سائیکل کی پشت پر بندھے بڑے تھیلے میں ہم بچوں کی کتابیں ڈالئے سوسائٹی میں گلی گلی آواز لگاتا گھوما کرتا۔ یہ لائبریری والا ہفتے میں دو تین دفعہ ہماری گلی میں بھی آتا۔ ہم بچے اس کا بے چینی سے انتظار کرتے۔

نیا گھر بننے میں چار پانچ سال لگے۔ وجہ مالی مشکلات تھیں۔ آخر جب کرائے کے مکان میں رہنا مشکل ہو گیا تو ابا نئے مکان میں اٹھ آئے گو کہ ابھی چھوٹے موٹے کافی کام باقی تھے۔ گھر میں گیٹ بھی نہیں لگا تھا۔ امی، ابا اور ہم بچے (ہم چار بہنیں، چار بھائی تھے) نیچے کی منزل میں مقیم ہوئے اور اوپر تایا اور چچا کے کنبے آباد ہوئے۔ یہ گھر ابا نے روایتی طرز پر بنوایا تھا، یعنی بیچ میں ایک آنگن تھا، جس کے تین طرف کمرے، باورچی خانہ، غسل خانہ تھا اور چوتھی سمت ایک چھوٹی سی کھلی جگہ تھی، باغیچہ نما، کیاری میں پیڑ پودے لگائے گئے تھے۔ رات کی رانی، دن کا راجہ، چمپا اور چنبیلی اور درمیان میں گھانس لگانے کی کوشش کی جاتی تھی۔ اس باغیچے اور گیراج کے درمیان کوئی دیوار نہ تھی اور آنگن بھی کھلا تھا۔ یعنی گیٹ سے داخل ہو کر بجائے صدر دروازے کے اس کھلی جگہ سے آنگن اور پھر کمروں میں داخل ہوا جا سکتا تھا۔ مالی دشواریوں کی بناء پر ابنا تقریباً تین سال تک گیٹ نہ

لگوا سکے، لیکن ہم سب اپنے کمروں کے دروازے کھلے رکھ کر اس تمام عرصے چین کی نیند سوتے تھے۔ اب تو کراچی کے وہ دن مٹھی میں ریت کے مانند ہاتھ سے نکل چکے ہیں۔

گھر کے آنگن اور اس چھوٹے سے باغیچے کے ساتھ ایک بے حد خوش کن اور منفرد یاد وابستہ ہے۔ وہ یاد ہے چارلی چپلن کی فلمی کی۔ ابا کو موسیقی، فلموں اور فوٹو گرافی کا شوق تھا۔ ابا کے پاس دو پروجیکٹر تھے۔ ایک چھوٹا سیکنڈ ہینڈ، خاموش فلموں کیلیے اور دوسرا بڑا جو ابا ۱۹۵۸ء میں جاپان سے خرید کے لائے تھے۔ (ابا کا بزنس کے سلسلے میں جاپان جانا ہوا تھا) ابا اُس زمانہ میں USIS کے ممبر تھے۔ چارلی چپلن اور ڈاکیومنٹری فلموں کی ریلیں وہیں سے لائی جاتیں۔ رات کے کھانے کے بعد باغیچے کی دیوار سے لگی کپڑے سکھانے کی ڈوری پر ایک سفید دھلی ہوئی چادر لٹکائی جاتی، ابا پروجیکٹر سیٹ کرتے، چھوٹے پایوں والے نواڑ کے دو پلنگ اور گھر میں پائی جانے والی تمام کرسیاں نکال کر آنگن میں بچھائی جاتیں، آنگن اور کمروں کی بتیاں گل کی جاتیں اور ہم بچے اپنی اپنی سیٹیں سنبھال لیتے۔ کیاری میں لگی رات کی رانی اور چنبیلی کی مہک سے لبریز کراچی کی خوش گوار ہوا آنگن میں تیرتی، ہم سب چارلی چپلن کی مزیدار حرکتوں پر ہنس ہنس کر لوٹ پوٹ ہوا کرتے۔

لیکن ابا کبھی ہم بچوں کو فلم دکھانے سینما ہال نہیں لے گئے۔ ہندوستانی اور انگریزی فلمیں ابا اپنے دوستوں کے ساتھ دیکھا کرتے۔ ابا کے ان گنت جگری یار تھے۔ دہلی کے تاجر وحید صاحب، بنگال کے بیوروکریٹ عالم صاحب، بہار کے انجینئر سید صاحب، پنجاب کے ٹھیکیدار شیخ صاحب اور کراچی کے پارسی بلیمور یا صاحب۔ سوائے ان بلیموریا صاحب کے باقی سب کے گھروں میں امی اور ہم بچوں کا آنا جانا تھا۔ سب سے زیادہ ددوستی وحید صاحب عالم صاحب کی فیملی سے تھی، کیونکہ ان کے بچے ہم بچوں کے ہم عمر تھے۔ سید صاحب کی نئی نئی شادی ہوئی تھی، لیکن ان کی سوشیالوجی میں ایم اے پاس بیوی سے

امی کی اچھی دوستی ہو گئی تھی۔

بلیموریا صاحب کے ہاں اولاد نہ تھی اور غالباً ابا کا خیال ہو گا کہ امی کی دوستی مسز بلیموریا سے شاید نہ ہو پائے، اس لئے وہ ہمیں بچپن میں اُن کے گھر نہیں لے گئے، لیکن گھر میں بلیموریا صاحب کا تذکرہ اسی زور شور سے ہوا کرتا تھا۔ امی کو بھی فلمیں دیکھنے کا بڑا شوق تھا۔ امی نے زیادہ فلمیں بیگم وحید اور بیگم عالم کے ساتھ دیکھیں۔ عالم صاحب انوسٹمنٹ پروموشن بیورو میں ڈائرکٹر ہوا کرتے تھے اور جمشید کوارٹرز میں ان کی رہائش تھی۔

وحید صاحب فریئر روڈ کے ایک فلیٹ میں رہا کرتے تھے، پھر انہوں نے پی ای سی ایچ ایس سوسائٹی میں مکان بنوایا اور وہاں منتقل ہو گئے۔ اکثر دوپہر میں امی چھوٹے بچوں کو زبیدہ چچی کی نگرانی میں ایک ایک سواتی آیا کے حوالے کر کے میرے ساتھ چپکے سے نکل آتیں۔ پھر ہم دونوں رکشا میں عالم صاحب کے گھر پہنچتے۔ مسز عالم اور ان کی بیٹی شائستہ جو میری ہم عمر تھی، فلم دیکھنے کیلئے بالکل تیار ہوتیں۔ وہ بھی اپنے چھوٹے بچوں کو پڑوس کے حوالے کرتیں اور ہم چاروں پیدل فلمستان یا ناولٹی سینما پہنچتے اور سکون سے میٹنی شو دیکھا جاتا۔ اسی طرح اسکول کے زمانے میں راج کپور اور نرگس کی پرستار بنی۔ آہ، آوارہ، انداز، برسات اور بہت سی دوسری فلمیں دیکھیں۔ جب ستمبر ۱۹۶۵ء کی جنگ کے بعد ہندوستانی فلموں پر پابندی لگی تو مشرقی پاکستان میں بننے والی فلمیں اردو فلمیں آخری اسٹیشن، چندا، چکوری، تلاش وغیرہ بڑے شوق سے دیکھیں۔

عالم صاحب کے گھر ہم سب کو بہت مزہ آتا۔ سب سے بڑی شائستہ، اس چھوٹی شاہد اور پھر پیار (جس کا اصل کچھ اور تھا) شہناز اور محمود بچے تو رواں اردو بولتے، لیکن مسز عالم دو چار جملے یہ بول پاتیں۔ آپس میں وہ سب ہمیشہ بنگالی بولتے۔ اکثر ہم لوگ ایک

دوسرے گھر دعوتیں کھایا کرتے۔ ہمیں ان کی مچھلی بھات ترکاری مزیدار لگتی اور انہیں امی کے ہاتھ کے پکے کھانے بھاتے۔

شائستہ اور میں تیرہ چودہ برس کے ہو رہے تھے۔ شائستہ بڑی بڑی سیاہ آنکھوں اور مکھن جیسی ملائم سنہری جلد والی پرکشش لڑکی تھی اور میں ایک گول چہرے چپٹی ناک اور نکلتے مہاسوں والی معنک ٹین ایجر، شائستہ مجھے لڑکوں کی باتیں بتاتی۔ پڑوس کے لڑکے، اس کے اسکول کے سامنے بس اسٹاپ پر کھڑے ہونے والے شہر کے کالجوں کے لڑکے، جو اُس پر عاشق تھے۔ مجھ پر کوئی عاشق نہ تھا۔ میں رشک سے شائستہ کی باتیں سنا کرتی۔ لڑکپن کی یہ گہری دوستی ۱۹۷۰ء میں ایک شام اداس کن موڑ پر پہنچ کر ختم ہوئی، جب عالم صاحب کا خاندان کراچی چھوڑ کر ڈھاکہ جا بسا۔

۱۹۶۰ء کی دہائی اور موجودہ عشرے کے درمیان تیس برس گذر چکے ہیں۔ ان تیس برسوں میں اس شہر، اس زمین و پسماں اور شہر کے مکینوں کی زنگی میں کتنی تبدیلیاں آئی ہیں۔ تیس برس اتنا طویل عرصہ تو نہیں یا شاید ہے، لیکن کیا کسی شہر کے مکین تین عشرے میں اتنی سنگین تبدیلیوں کے متحمل ہوسکتے ہیں۔

The memoirs of Karachi - Essay: Zeenat Hassam

***

# ۸

# میری ماں: ڈاکٹر عطیہ ظفر

## ڈاکٹر شیر شاہ سید

عطیہ خاتون ڈاکٹر عطیہ طفر میری والدہ ایک غیر معمولی خاتون تھیں۔ سات سال کی عمر میں یتیم ہو جانے والی عطیہ خاتون کو اپنے والد یعنی میرے نانا کی صرف یہی بات یاد رہی تھی کہ "میں تمہیں پڑھاؤں گا اور تم گاؤں کی پہلی میٹرک پاس لڑکی ہو گی۔" ٹائیفائیڈ کا شکار ہو کر انتقال کر جانے والے میرے نانا کے بعد عطیہ خاتون کی زندگی سہم کر رہ گئی تھی۔ وہ تین بہنوں اور ایک بھائی کی سب سے بڑی بہن تھیں، ہر وقت اُداس اور پریشان رہنے والی اپنی ماں یعنی میری نانی کا بھی سہارا تھیں۔ سارا سارا دن چھوٹے بھائی اور بہنوں کی دیکھ بھال کے ساتھ ساتھ انہیں اپنی ماں کی بھی دلجوئی کرنی پڑتی تھی۔ بچپن میں ہی ان کا بچپن چھن گیا تھا۔ اس وقت بہار کے دور اُفتادہ گاؤں دیسنہ میں رہنے والی عطیہ خاتون کو اندازہ بھی نہیں ہو گا کہ مستقبل میں زندگی کے راستوں میں کتنے پیچ و خم ہوں گے اور وہ کس طرح سے اُن کٹھناؤں پر فتح یاب ہوں گی

میری نانی کی والدہ اپنے شوہر کی کمسن بیوہ تھیں جن کے سوتیلے بچے ان سے عمر میں بڑے تھے مگر میرے نانی کے والد کی انتقال کے بعد میری پرنانی نے ان کی زمین و کاشت کاری کے ساتھ ساتھ اپنے سے عمر میں بڑے بچوں کی بھی دیکھ بھال جاری رکھی۔ وہ محنت

کش خاتون تھیں جنھوں نے حالات سے بغاوت کرتے ہوئے عدت پر بیٹھنے سے انکار کر کے پر نانا کی موت کے پہلے دن سے گھر داری کے ساتھ ساتھ زمینداری کے مسائل کو بھی سنبھال لیا تھا، اس طرح سے بہار کے گاؤں پہاڑیہ کے زمین داروں اور مولویوں کو یہ احساس دلا دیا تھا کہ یتیم ہو جانے والے بچوں کی زمینوں پر قبضہ نہیں ہو سکے گا اور نہ ہی زمیندار کی کمسن بیوہ ان کے سامنے جھکے گی۔ عام طور پر گاؤں دیہاتوں میں ایسا نہیں ہوتا تھا۔

میری پرنانی میری والدہ کی ہیروئن تھیں۔ میرے نانا کے موت کے بعد میری نانی اپنے میکے واپس نہیں گئی تھیں، بلکہ میرے نانا کے گھر میں ہی رہنے کا فیصلہ کر لیا تھا۔ ان کا زیادہ تر وقت عبادت میں گزرتا تھا جبکہ پرنانی نے اپنے مرحوم شوہر کے معاملات کو سنبھال لیا تھا اور اپنے سوتیلے بیٹوں کے ساتھ اپنی بیوہ بیٹی اور اس کے بچوں کی بھی مدد کر رہی تھیں۔

زندگی کی اس ھماھمی میں میری سب سے چھوٹی خالہ دو تین سال کی ہی عمر میں بچوں کی کسی بیماری کا شکار ہو کر انتقال کر گئی تھیں، اس صدمے نے میری نانی کی زندگی کو مزید پریشان کر دیا تھا اور عملی طور پر گھر کی ساری ذمہ داری دس گیارہ سالہ عطیہ خاتون کے کاندھوں پر آن پڑی تھی۔

۱۳سال کی عمر میں یتیم عطیہ خاتون کے لئے ایک ایسے شخص کا رشتہ آیا جو روایات کا باغی تھا جس کی ماں اس کی کم عمری میں ہی موت کا شکار ہو گئی تھیں جو ۲۳سال کی عمر میں بہار کی انڈین نیشنل کانگریس کا سرگرم کارکن تھا۔ بہار کے زیادہ تر مسلمان مسلم لیگ میں تھے۔ سیّد ابو ظفر میرے والد کا شمار ان سرپھروں میں ہوتا تھا جو گاندھی جی کے چیلے کہلاتے تھے۔ میرے دادا اور دیگر رشتہ داروں کا خیال تھا کہ سیّد ابو ظفر کو سدھارنے کا

طریقہ یہی تھا کہ ان کی شادی کردی جائے۔ ایک یتیم اور دو بہنوں کی بڑی بہن کے لئے آنے والے اس رشتے کو فوراً ہی قبول کرلیا گیا تھا۔ نہ چاہنے کے باوجود ابو ظفر خاندان کے دباؤ کی وجہ سے عطیہ خاتون کے شوہر بن گئے اور عطیہ خاتون عطیہ ظفر بن گئیں۔ عطیہ ظفر نے واجبی تعلیم حاصل کی تھی، انہیں قرآن پڑھنا آتا تھا اور وہ کم عمری میں ہی گھریلو کام کاج کی ماہر تھیں۔ میرے والد بہار میں کانگریس کے بہت سرگرم کارکن تھے اور اپنی سیاسی سرگرمیوں کی وجہ سے مولانا ابوالکلام آزاد، گاندھی جی اور پروفیسر باری سے تعلقات رکھتے تھے۔ میری والدہ شادی کے بعد دیسنہ گاؤں اوراپنے گھر کے یاسیت زدہ ماحول سے نکل کر پٹنہ جیسے بڑے شہر میں آگئی تھیں۔ میرے دادا کے گھر میں میرے والد کی سوتیلی والدہ کنیز فاطمہ نے ان کی تربیت میں بہت اہم کردار ادا کیا، وہ ایک پڑھی لکھی خاتون تھیں، کتابوں کے ساتھ موسیقی سے شغف رکھتی تھیں۔ اس زمانے میں ان کا اپنا ہارمونیم تھا اور یہ ان کا پسندیدہ مشغلہ تھا۔ انہوں نے میری والدہ کو میرے والد جیسے مشکل باغی کیساتھ رہنے کے گُر بھی بتائے اور میری والدہ کے دل میں موجود پڑھنے کی لگن کی حوصلہ افزائی کی۔ میری والدہ ہمیشہ ان کا نام عزت و احترام سے لیتی تھیں کیونکہ شہری زندگی کے اطوار انہوں نے ان سے ہی سیکھے تھے۔

اسی زمانے میں پٹنہ میونسپلٹی کے الیکشن میں کانگریس پارٹی کی حمایت کی وجہ سے میرے والد کا انتخاب ڈپٹی چیئرمین کی حیثیت سے ہوا اوران کی سیاسی سرگرمیاں بھی بڑھتی چلی گئیں۔ وہ گاندھی جی کے ہندوستان چھوڑدو تحریک میں آگے آگے تھے۔ پاکستان بننے سے قبل میرے دو بھائی پیدا ہوئے جن کا نام میرے والد نے ٹیپو سلطان اور سراج الدولہ رکھا۔ یہ ایک عجیب حقیقت ہے کہ اس زمانے میں ہمارے کچھ رشتہ داروں نے ان کے عقیقے میں شرکت سے انکار کردیا کیونکہ یہ نام انگریز مخالف آزادی

کے متوالوں کے تھے۔ میری والدہ بتاتی تھیں کہ ٹیپو سلطان اور سراج الدولہ کا عقیقہ میرے دادا نے ہمایوں ظفر اور سراج ظفر کے نام سے کیا تاکہ خاندان کے سارے افراد شریک ہو سکیں۔

پاکستان کے وجود میں آنے کے بعد میرے والد کے استاد اور کانگریس کے بہت اہم رکن پروفیسر باری کا اس وقت قتل ہو گیا جب وہ کانگریس حکومت کی بدعنوانیوں کے بارے میں بات چیت کرنے کے لئے گاندھی جی سے ملنے جارہے تھے۔ اس واقعے کے فوراً بعد میرے والد نے ہندوستان اور سیاست چھوڑنے کا فیصلہ کر لیا اور اپنے بھائیوں اور دیگر رشتہ داروں کے ساتھ پاکستان روانہ ہو گئے تھے۔

پاکستان آکر انہوں نے لیاری کے علاقے چاکیواڑہ میں ہزاروں مہاجرین کی طرح جھگی ڈال کر رہنے کا انتظام کیا اور آتمارام پریتم داس روڈ پر ہندوؤں کے ایک ویران پاٹھ شالا میں غازی محمد بن قاسم اسکول کی داغ بیل ڈالی، ابا ہندوستان سے بارہویں جماعت کا امتحان پاس کر کے آئے تھے، ان کی رائٹنگ بہت اچھی تھی اور وہ اردو اور انگلش دونوں زبانوں میں بہت خوش خط تھے۔ انہیں ٹائپ کرنا بھی آتا تھا اور وہ اپنے ساتھ ہندوستان سے ہی ایک ٹائپ رائٹر بھی لے کر آئے تھے۔ اسکول کے ساتھ ساتھ شام کے وقت انہوں نے لوگوں کی درخواستیں اور خط وغیرہ ٹائپ کرنا شروع کر دیا اور ساتھ ہی جامعہ کراچی میں مزید تعلیم کے لئے رجسٹرڈ بھی ہو گئے۔ میری اور میری چھوٹی بہن چاند بی بی سلطانہ کی پیدائش کے بعد میرے والد نے فیصلہ کیا کہ میری والدہ کو بھی تعلیم حاصل کرنی چاہیئے جس کے لئے وہ خود بھی ہر قسم کی قربانی دینے کو تیار تھے۔ ابا کا یہ فیصلہ میری والدہ کی برسوں کی تمنا تھی انہیں اپنے والد اور میرے نانا کے خوابوں کی تکمیل کی شدید خواہش تھی وہ چاہتی تھیں کہ وہ ان کے امیدوں کے مطابق دسویں جماعت تک تعلیم

حاصل کرلیں۔ میری والدہ نے مجھے میری نانی اور خالہ کے پاس ہندوستان واپس بھیج دیا اور تعلیم حاصل کرنے کی جدوجہد میں لگ گئیں۔ میرے والد اسکول کے انتظامات، اپنی تعلیم اور دوسری مصروفیات کے ساتھ ساتھ گھر کے امور میں بھی سرگرم ہو گئے تاکہ میری والدہ مکمل یکسوئی کے ساتھ تعلیم حاصل کرسکیں۔

میری والدہ نے ادیب عالم ادیب فاضل کے امتحانات کے ساتھ انگلش کا امتحان دے کر جلدی ہی میٹرک کی سند حاصل کرلی۔ میرے والد نے سوچا تو یہ تھا کہ میٹرک کے بعد وہ اسکول میں استانی بن جائیں گی مگر بدلتے وقت کے ساتھ انہوں نے یہ فیصلہ کرلیا تھا کہ عطیہ ظفر ڈاکٹر بنیں گی۔ اس سلسلے میں انہوں نے پورے پاکستان میں موجود میڈیکل اسکولوں میں ان کے داخلے کی درخواست ڈال دی۔ اس زمانے میں ایم بی بی ایس کے علاوہ ایسے میڈیکل اسکول تھے جہاں ایل ایس ایم ایف کی ڈگری ملتی تھی اور اس امتحان کے پاس کرنیوالوں کو چھوٹا ڈاکٹر کہا جاتا تھا۔

میری والدہ کو اس زمانے میں مشرقی پاکستان کے ایک چھوٹے سے شہر سلہٹ کے میڈیکل اسکول میں داخلہ مل گیا تھا۔ میرے والد نے لیاری میں اپنے نام سے الاٹ شدہ پلاٹ کو بیچ کر خاندان کا ٹکٹ کٹایا اور سب کو لے کر سلہٹ چلے گئے۔ سلہٹ میں مکان کرائے پر لے کر اور ابتدائی انتظامات کے بعد وہ واپس کراچی آکر کام میں لگ گئے تاکہ میری والدہ بغیر کسی مالی پریشانی کے تعلیم مکمل کرسکیں۔ کئی سالوں کے بعد میری خالہ اور نانی مجھے ہندوستان سے لے کر سلہٹ آگئیں تاکہ میری والدہ کے تعلیم کے دوران وہ گھر اور بچوں کی دیکھ بھال کرسکیں۔

سلہٹ کے پانچ سال بڑی محنتوں کے سال تھے، بچوں کے ساتھ میڈیکل کی تعلیم آسان نہیں تھا۔ میرے والد کراچی میں اسکول چلا رہے تھے، بولٹن مارکیٹ میں پوسٹ

آفس کے سامنے دری بچھا کر لوگوں کی درخواستیں ٹائپ کر رہے تھے اور خطوط لکھ رہے تھے اور دوسری جانب خود بھی تعلیم حاصل کر رہے تھے۔ پہلے انہوں نے بی اے کیا پھر اسلامی تاریخ میں ماسٹرز کیا اور تعلیم سے متعلق مختلف ٹریننگ کورسز بھی کرتے رہے۔ اسی زمانے میں انہوں نے سول ہسپتال کراچی سے چند مہینوں کا کمپاؤنڈری کا سرٹیفکیٹ کورس بھی کر ڈالا۔ پڑھنے اور پڑھانے کا جیسے انہیں جنون تھا، ساری زندگی وہ یہی کرتے رہے۔ کچھ ہی دنوں کے بعد میرے دونوں بڑے بھائی کراچی آ گئے تاکہ ان کی اسکول کی تعلیم کا سلسلہ جاری رہے۔

میری والدہ نے ساڑھے چار سال میں ایل ایس ایم ایف کا کورس مکمل کیا جس کے بعد وہ کراچی واپس آ گئیں۔ اسی زمانے میں حکومت پاکستان نے ایک پروگرام کا آغاز کیا جس کے مطابق تمام ایل ایس ایم ایف ڈاکٹروں کو اس کا موقع دیا گیا کہ وہ میڈیکل کالج کے چوتھے سال میں داخل ہو جائیں اور ایم بی بی ایس کے چوتھے پانچویں سال کا امتحان دے کر ایم بی بی ایس کی ڈگری حاصل کر لیں۔ میری والدہ کا ابتدائی طور پر داخلہ فاطمہ میڈیکل کالج لاہور میں ہوا اور تین ماہ کے بعد ان کا ٹرانسفر کراچی کے ڈاؤ میڈیکل کالج میں کر دیا گیا۔ وہ جب چوتھے سال کا امتحان پاس کر کے پانچویں سال میں پہنچیں تو میرے بڑے بھائی ٹیپو سلطان کا داخلہ ڈاؤ میڈیکل کالج میں ہوا جہاں دونوں ماں بیٹا ایک سال تک ایک ہی کالج میں پڑھتے رہے۔ اماں نے ایم بی بی ایس کے بعد کراچی کے سول ہسپتال میں ہاؤس جاب کیا اور لیاری میں ہی ایک کلینک کا آغاز کر دیا۔

۱۹۶۵ء کی جنگ کے بعد اماں کو ڈسٹرکٹ کونسل میں بحیثیت ڈاکٹر نوکری مل گئی اور ہم سب لوگ ملیر منتقل ہو گئے۔ ڈسٹرکٹ کونسل کی نوکری کے ساتھ ساتھ اماں نے ملیر میں ہی ایک کلینک بھی شروع کر دی۔ اس زمانے میں پورے ملیر اور اس کے نواح میں

کوئی بھی لیڈی ڈاکٹر نہیں تھی۔ جلد ہی اماں پورے علاقے میں مقبول ہو گئیں اور انہوں نے اپنے شفاخانے کے ساتھ ایک چھوٹا سا میٹر نٹی ہوم کھول لیا جو آہستہ آہستہ بڑا ہو کر جنزل ہسپتال کی شکل اختیار کر گیا۔ آج وہ عطیہ ہسپتال کے نام سے جانا جاتا ہے۔

اماں ساری زندگی محنت کرتی رہیں، ان کے ابا کا خواب ان کا شوق بن گیا۔ وہ دسویں جماعت تک محدود نہیں رہیں جب انہوں نے دیکھا کہ ان کے شوہر بھی ان کی تعلیم چاہتے ہیں اور ہر قسم کی قربانی دینے کو تیار ہیں تو انہوں نے ان کے ہر کہے کو اپنی زندگی کا جز بنالیا۔ آج یہ تصور بھی نہیں کیا جاسکتا ہے۔ اماں کو پورا احساس تھا کہ تعلیم ہی عورت کا اصل زیور ہے۔ ساری زندگی میں نے انہیں کوئی زیور پہنا ہوا نہیں دیکھا۔ کبھی کبھار وہ عید کے موقع پر کانچ کی چوڑیاں پہن لیتی تھیں، ہاتھوں اور پیروں میں مہندی لگالیتی تھیں وہ صاف ستھرے سوتی گھر کے دھلے اور کلف لگے ہوئے ساری میں پُر وقار لیڈی ڈاکٹر لگتی تھیں۔ انہیں میں نے کبھی کبھار مریضوں اور مریضوں کے شوہروں پر غصہ کرتے ہوئے دیکھا لیکن زیادہ تر مریضوں سے ہمیشہ ہنس کر ملتی تھیں۔ دور دراز کراچی کے دیہی علاقوں اور ٹھٹھہ میرپور ساکرو سے آنے والے مریض ان کے لئے سبزیاں اور پھل لے کر آتے تھے، کراچی کے مچھلی فروشوں اور ملاحوں کی بستی ریڑھی سے آنے والے مریض مچھلی اور جھینگے لے کر آتے، یہی ان کی فیس ہوتی تھی۔ ان کے مریض ان پر جان دیتے تھے، وہ کمیونٹی کی ڈاکٹر نہیں تھیں بلکہ کمیونٹی ورکر تھیں۔

اماں کو اندازہ ہو گیا تھا کہ تعلیم عورتوں کو خود مختار بنا دیتی ہے وہ اور ابا لڑکیوں کی تعلیم کے شدید حامی تھے، ان کا خیال تھا کہ لڑکیوں کو ہر قسم کی تعلیم حاصل کرنی چاہیئے، نوکری کرنی چاہیئے اور پیسے کمانے چاہئیں۔ پڑھی لکھی لڑکی نہ صرف یہ کہ اپنا خیال رکھتی ہے بلکہ اپنے پورے خاندان کو کھینچ کر اوپر لے آتی ہے۔ ابا اور اماں نے مل کر ہم آٹھ

بھائی بہنوں کو ڈاکٹر بنایا بلکہ خاندان کے کئی بچوں کو اس راہ پر لگایا اور خاص طور پر خاندان، دوستوں اور رشتہ داروں کی لڑکیوں کو مواقع فراہم کئے کہ وہ تعلیم حاصل کریں۔ گھر میں اور ہسپتال میں کام کرنے والوں کے بچوں کی تعلیم کے لئے ان کے دروازے ہمیشہ کھلے رہے۔

اماں کو میں نے ہمیشہ کچھ نہ کچھ پڑھتے ہوئے دیکھا۔ حالی، علامہ اقبال، غالب اور مومن ان کے پسندیدہ شاعر تھے۔ اقبال کی کئی نظمیں انہیں زبانی یاد تھیں۔ نذیر احمد دہلوی کی توبۃ النصوح، فسانہ مبتلا اور مراۃ العروس اماں کے ذریعے ہی ہمیں پڑھنے کو ملی تھیں۔ اے آر خاتون، رضیہ بٹ، سلمیٰ کنول سے لے کر پریم چند، کرشن چندر، غلام عباس، عصمت چغتائی، قرۃ العین حیدر، جیلانی بانو، راجندر سنگھ بیدی کی کتابیں ہر وقت اماں کے پاس رہتی تھیں۔ بیسویں صدی، سیپ، افکار، نقوش جیسے رسالے وہ خود بھی خریدتی تھیں اور دوسروں سے لے کر بھی پڑھتی تھیں بچوں کے لئے کھلونا دہلی، تعلیم و تربیت، بچوں کی دنیا، پھلواری جیسے رسالے گھر میں پابندی سے آتے تھے۔

ایک دفعہ میں ابن صفی کی عمران سیریز کا ایک ناول پڑھ رہا تھا جسے انہوں نے یہ کہہ کر ضبط کر لیا کہ یہ کتاب تمہارے لئے صحیح نہیں ہے لیکن دوسرے دن ہی وہ کتاب مجھے واپس مل گئی اور اماں کی طرف سے یہ اجازت بھی کہ ابن صفی کی کتابیں پڑھی جاسکتی ہیں۔ ہمارے گھر میں اور ہمارے رشتہ داروں کے گھر میں ابن صفی بڑے ذوق و شوق سے پڑھا جانے لگا تھا۔

وہ مذہبی کتابیں بھی بہت شوق سے پڑھتی تھیں، مولانا سلیمان ندوی کی سیرت النبی انہوں نے ہی مجھے پڑھنے کو دی تھی۔ امام غزالی کی کیمیائے سادات بھی مجھے ان سے ملی اور جب میں نے انہیں کہا تھا کہ کیمیائے سادات میں خوابوں کے بارے میں جو کچھ بھی لکھا

گیا ہے وہ بڑا غیر سائنسی ہے تو انہوں نے کہا تھا کہ ابھی تمہاری معلومات کم ہیں اور امام غزالی کی کتابوں کے بارے میں کچھ کہنے سے پہلے مزید تعلیم حاصل کرنے کی ضرورت ہے۔ تعلیم کی کوئی انتہا نہیں ہوتی ہے کوئی بات کہنے اور ثابت کرنے کے لئے مزید تعلیم حاصل کرنا چاہئیے تاکہ تمہارے پاس مناسب دلیل ہو۔ ان کی بات بالکل درست تھی اور آج بھی ہے۔

انہوں نے فرمائش کر کے اردو بازار سے شیخ ایاز کا کیا ہوا شاہ عبد الطیف بھٹائی کے کلام کا اردو ترجمہ منگوایا تھا اور اکثر و بیشتر میں دیکھتا تھا کہ وہ ترجمہ پڑھ رہی ہوتی تھیں۔ انہیں ریڈیو کے پروگراموں سے بھی بڑی دلچسپی تھی ہم بچے اسٹوڈیو نمبر ۹ کے ڈرامے بہت دلچسپی سے سنتے تھے اور اماں بہت پابندی سے مولانا روم کے کلام اور اس کا ترجمہ بہت شوق سے سنتی تھیں اور کبھی کبھار ہمیں بھی ان کے کلام کا مطلب سمجھاتی تھیں۔ جس زمانے میں ریڈیو پاکستان کراچی سے اتوار کے اتوار "صبح دم دروازہ خاور کھلا" کے نام سے پروگرام شروع ہوا تو اماں اس پروگرام کو بہت شوق سے سننے لگی تھیں۔ اس پروگرام کے گیت اور چھوٹے چھوٹے اسکٹ انہیں بہت پسند تھے، مجھے آج بھی ان کے چہرے پر پھیلی ہوئی معصوم سی مسکراہٹ یاد ہے جس وقت وہ یہ گیت سن رہی تھیں، جس کا مجھے پہلا شعر یاد رہ گیا ہے۔

گورے گورے مکھڑے پہ جیا للچائے
ذرا دیکھو تو ہمری اُور ذرا دیکھو تو ہمری اُور

شاعروں اور ادیبوں کے بارے میں واقعات سے انہیں بہت دلچسپی تھی اس سلسلے میں میں یہ لکھنا چاہوں گا کہ مجھے اچھی طرح سے یاد ہے کہ تھیسوفیکل ہال میں خواجہ معین کے لکھے ہوئے ڈرامے "مرزا غالب بندر روڈ پر" کو انہوں نے نہ صرف یہ کہ خود

دیکھا بلکہ مجھ سے عمر میں کافی بڑے بھائیوں کو تاکید کر کے مجھے بھی دکھوایا تھا۔ وہ روزنامہ جنگ اور حریت پابندی سے پڑھتی تھیں اور ہم لوگوں کو بھی پڑھنے کا بولتی تھیں، اس زمانے میں شوکت تھانوی اور ابراہیم جلیس ان کے پسندیدہ کالم نگار تھے، حریت اخبار میں محمود اعظم فاروقی کا کالم محراب و منبر بھی ان کو بہت پسند تھا۔

اماں مذہبی تھیں، نماز پڑھنا، روزہ رکھنا، عمرہ، حج سب کچھ انہوں نے اپنے وقت پر بڑی دلجمعی کے ساتھ کیا، عبادت میں ان کا دل لگتا تھا اور مذہبی روایات کے مطابق بڑے دنوں اور رمضان کی راتوں میں وہ دیر تک عبادات کرتی تھیں مگر ساتھ ہی ایک عجیب بات یہ تھی کہ انہیں ریڈیو سیلون سے نشر ہونے والے بھجن بھی پسند تھے اور انہیں شوق سے سنا کرتی تھیں اسی طرح سے انہیں صوفیانہ کلام کی قوالی کا بہت شوق تھا، جمعرات کی رات گئے ریڈیو پاکستان سے نشر ہونیوالی قوالی کا انہیں انتظار رہتا تھا۔ ان کا وحدانیت کا تصور عام تصور وحدانیت سے بہت مختلف تھا۔

دوسری حیرت ناک اور عجیب بات یہ بھی ہے کہ جس زمانے میں میں کافی سے زیادہ مذہبی تھا اور بعد میں جب رسمی سا مذہبی ہو گیا تب بھی انہوں نے کبھی بھی مجھے "سیدھے راستے' ج پر چلنے کی تلقین نہیں کی۔ ان کا خیال تھا کہ ایک حد تک تعلیم دینے کے بعد ہر فرد کا اپنا فیصلہ ہوتا ہے کہ وہ زندگی کیسے گزارے۔ دوسروں کو اس کا احترام کرنا چاہئیے۔ میری ساری زندگی مجھے شدت سے ان کی ایک ہی بات یاد ہے کہ وہ بچپن سے ہی سب بچوں کو کہتی تھیں کہ " جھوٹ کبھی بھی نہ بولنا۔ " صرف ان کی اس تلقین کی وجہ سے بہت سی ایسی چیزیں جو میری نظر میں غلط نہیں ہیں مگر ان کی نظر میں بری تھیں، میں نہیں کر سکا۔ اس کا مجھے کوئی خاص خلق نہیں ہے مگر اپنی ماں کا احسان مند ہوں کہ انہوں نے ایک ایسی عادت ڈالی جس سے مجھے سوائے فائدے کہ کچھ نہیں ہوا ہے۔ اس موقع پر

میں یہ اعتراف بھی کرتا چلوں کہ میں نے کچھ جھوٹ ان سے ضرور بولے ہیں مثال کے طور پر جب میں کہیں سے کھانا کھا کر آتا تھا مگر ان سے جھوٹ بولتا تھا کہ میں نے کھانا نہیں کھایا ہے تاکہ وہ کھانا کھاسکوں جو انہوں نے بنا کر رکھا ہوا ہوتا تھا۔ اس جھوٹ کا مجھے بالکل بھی افسوس نہیں ہے۔

مجھے سمجھ میں نہیں آتا ہے کہ انہوں نے اپنے پاس محبت اور پیار کا اتنا بڑا ذخیرہ کہاں سے جمع کیا۔ محبت بانٹنے میں انہوں نے کبھی بھی کنجوسی سے کام نہیں لیا، میرے دادا، میری پرنانی، نانی پھر میرے نانی کے بھائی سب کی خدمت بڑی محبت اور دلجمعی سے کرتی رہیں۔ اپنے بھائی اور بہنوں کے لئے ان کی محبت بے مثال تھی، ہم سب بھائی بہنوں، ہمارے ماموں زاد، چچازاد، خالہ زاد بھائی بہن گھر میں رہنے والے وہ بچے جو کسی نہ کسی وجہ سے پڑھنے کے لئے ہم لوگوں کے چھوٹے سے گھر میں رہتے تھے ابا کے وہ شاگرد جنہیں ابا گھر لے آتے تھے، ان سب کے لئے ان کے پاس پیار تھا، ان کے مسائل کو حل کرنے کے لئے وہ پریشان رہتی تھیں جس زمانے میں ان کی پریکٹس بہت اچھی ہوگئی تھی وہ ہر وقت کسی نہ کسی منصوبے کو مکمل کر رہی ہوتی تھیں۔ کسی یتیم بچی کی شادی، کسی غریب ماں باپ کی بیٹی کے رشتے کی تلاش، کسی ضرورت مند کے گھر کی دیوار یا چھت کی تعمیر تاکہ بے پردگی نہ ہو۔ کسی کے بیٹے کے لئے ٹکٹ کا انتظام جو دبئی یا سعودی عرب جارہا تھا، یا کسی ایسے فرد کی مدد جس کا داخلہ رقم کی کمی کی وجہ سے رکا ہوا تھا، ایسے بہت سارے لوگ ہیں جن کے لئے وہ اسپیشل تھیں مگر ان کے لئے وہ سب اسپیشل تھے اور وہ اسی طرح سے ان کا خیال بھی رکھتی تھیں جیسے اسپیشل لوگوں کا خیال رکھا جاتا ہے۔

ان کی خواہش ہوتی تھی کہ سارے بچے اور بعد میں نواسے پوتے سارا کھانا ختم کریں، وہ کسی بھی کھانے کی چیز کو ضائع نہیں ہونے دیتی تھیں۔ رات کی بچی ہوئی روٹیوں

کا ملیدہ بنا دیتی تھیں جو سارے بچے شوق سے کھاتے تھے، ابھی بھی میرے دانتوں میں چینی کی چنچناہٹ محسوس ہوتی ہے۔ ملیر کے مریضوں کے دیئے ہوئے سیروں امرود کی جیلی بن جاتی تھی جو بڑے شوق سے کھائی جاتی اور سب کو بانٹی جاتی، گھر آنے والے کچے آموں کا گڑمبا بن جاتا تھا، اماں کے تقریباً سارے نواسے اور پوتے اس وقت انگلینڈ، آئرلینڈ، امریکہ اور آسٹریلیا میں مختلف تربیتی پروگرام میں تعلیم حاصل کر رہے ہیں، ان کے انتقال پر آنے والے ای میل میں اماں کی بنائی ہوئی جیلی کا ذکر پڑھ کر میرے آنکھوں میں بے اختیار آنسو آ گئے۔

ہم سب بھائی بہنوں کو ڈاکٹر بنانے کے بعد اور ہم سب کی شادیاں ڈاکٹروں سے کرانے کے بعد ابا اور اماں دونوں کی خواہش تھی کہ ہم لوگ ملیر کے علاقے میں ایک ایسا ہسپتال بنائیں جہاں غریب مریضوں کا مفت علاج ہو سکے۔ کرنا کچھ اس طرح سے ہوا کہ ملیر کے ایک گاؤں کوہی گوٹھ میں ہم لوگوں نے زمین حاصل کر کے ایک عورتوں کا ہسپتال کھولا مگر اس ہسپتال کے کھلنے سے پہلے اور اس زمین کے حصول تک جب جب مسائل درپیش ہوئے میرے والد اور والدہ ہمیشہ یہی کہتے رہے کہ برے کام کرنے کو سب جمع ہو جاتے ہیں، اچھا کام کرنا مشکل ہے مگر آخر کار اچھائی کی ہی فتح ہوتی ہے، میں یہ بات کبھی نہیں بھولوں گا۔ میں یہ کبھی بھی نہیں بھول سکتا ہوں کہ سچائی اور ایمانداری پر ان کا ایمان غیر متزلزل تھا وہ سچ کی طرح سادہ تھیں، ان کے مذہبی اعتقادات بھی سادہ تھے، وہ مالی طور پر مستحکم ہونے کے بعد بھی غریب تھیں مگر ان کا دل بہت بڑا تھا جہاں سے وہ ساری زندگی پیار بانٹتی رہیں، ان کا دل کبھی بھی غریب نہیں ہوا۔

میری والدہ اپنا ہسپتال عطیہ ہسپتال کے نام سے بڑی محنت سے چلاتی رہیں جہاں انہوں نے اپنے دن رات لگائے اور لوگوں کے درمیان اپنی حیثیت بنائی، آج اس علاقے

میں ہر ایک ان کی عزت ہی کرتا ہے۔ یہی ہسپتال ان کی پہچان ہے۔ ابا اماں نے اپنی زندگی میں ہی اس خواہش کا اظہار کر دیا تھا کہ ان کے بعد اس ہسپتال سے ہونے والا منافع ہم بھائی بہن آپس میں نہیں بانٹیں بلکہ ان غریبوں پر خرچ کریں جو علاج کی طاقت نہیں رکھتے ہیں۔ مجھے یقین ہے کہ ان دونوں کو اس بات سے خوشی ہوتی ہوگی کہ آج عطیہ ہسپتال کی آمدنی کوہی گوٹھ ہسپتال کے مریضوں پر خرچ ہوتی ہے۔ یہ تعلیم کی طاقت تھی جس نے ان دونوں کو اتنا با اختیار کیا کہ وہ مرنے سے پہلے اپنے اس خواب کو پورا کر گئے۔

میری والدہ کا میرے اوپر ذاتی طور پر بڑا احسان ہے، میں ڈاکٹر نہیں بننا چاہتا تھا اور کوششوں کے باوجود بارہویں جماعت میں اچھے نمبر نہیں لا پا رہا تھا۔ جب میں دوسری دفعہ بھی دسوں مضامین میں اچھے نمبر نہیں لا سکا اور میرے والد نے تیسری دفعہ میرے امتحانات کے فارم بھرے تو میں مدد کے لئے اپنی والدہ کے پاس گیا کہ وہ میرے والد کو سمجھائیں کہ میں اس بات پر راضی نہیں ہوں۔ وہ ابا کو تو کیا سمجھاتیں انہوں نے بڑی سختی سے مجھے کہا کہ مجھے وہی کچھ کرنا ہوگا جو میرے والد کہہ رہے ہیں اور اگر میں نے ایسا نہیں کیا تو میرے لئے اس گھر میں کوئی جگہ نہیں ہوگی۔ اس وقت ان کا یہ ظالمانہ رویہ مجھے بہت برا لگا تھا لیکن کئی سالوں کے بعد یہ بات میری سمجھ میں آگئی تھی کہ میری ماں نے میرے اوپر کتنا بڑا احسان کیا تھا۔ ان کی تھوڑی سی نرمی کی شہ پا کر شاید میں بغاوت کر بیٹھتا اور جو کچھ بھی ہوتا شاید ڈاکٹر نہیں ہوتا جس پیشے کے ایک ایک لمحے سے میں لطف اندوز ہوا ہوں اور اگر اب میں سو دفعہ بھی پیدا ہوں گا تو ڈاکٹر ہی بنوں گا، ایک ایسا پیشہ جس میں آمدنی تو ہے ہی مگر جو محبت اور عزت ملتی ہے اس کا کوئی بھی مقابلہ نہیں کر سکتا،

۱۴ فروری ۲۰۱۴ء کو دن کے دو بجے میری والدہ کا انتقال ہو گیا۔ تھوڑے سے اختلافات کے بعد ہم سب نے فیصلہ کیا کہ والدہ کی آخری آرام گاہ کوہی گوٹھ ہسپتال میں

ہو گی۔ میں ہسپتال پہنچ کر ان کی قبر کے لئے انتظامات کر رہا تھا، جنازے کا وقت عشاء کے نماز کے بعد مقرر کیا گیا تھا۔ مغرب سے تھوڑا پہلے مجھے پتہ چلا کہ ایک حاملہ خاتون ایمرجنسی میں آئی ہیں جن کا آپریشن کرنا ہو گا۔

جب آپریشن ختم کر کے میں آپریشن تھیٹر سے باہر آیا تو ماں بننے والی خاتون کے رشتہ دار کھڑے ہوئے تھے، میں نے انہیں مبارکباد دی کہ ان کے گھر میں لڑکی پیدا ہوئی ہے۔ میں نے پوچھا تھا کہ بچی کا کیا نام رکھا ہے۔ ہونے والی بچی کی دادی نے بلوچی لہجے میں کہا تھا کہ اس کا نام عطیہ ہے اور وہ ڈاکٹر بنے گی۔

میں صبح سے اماں کی بیماری کی وجہ سے پریشان تھا، ان کے انتقال کے بعد سے دل جیسے کسی تاریکی میں ڈوب سا گیا تھا، آپریشن کے دوران بھی بار بار دل بیٹھ سا جاتا تھا، لیکن اس بلوچی لہجے میں بولا ہوا جملہ "اس کا نام عطیہ ہے اور یہ ڈاکٹر بنے گی" نے جیسے میرے دکھ کو خوشی میں بدل دیا تھا۔ کوہی گوٹھ میں ایک پرانے درخت کے سائے میں اماں اپنی آخری آرام گاہ میں اپنے ابا اور میرے والد کے خوابوں کو پورا کر کے اطمینان کی نیند سو رہی ہیں۔ ان سے جدائی بڑا افسوسناک واقعہ ہے مگر جب میں ان کی زندگی کے بارے میں سوچتا ہوں مجھے یہی لگتا ہے ان کے جانے کے غم سے زیادہ ان کی زندگی کا جشن منانے کی ضرورت ہے۔

My mother Dr. Atiya Zafar. Essay: Dr. Sher Shah Syed

***

۹

# کتاب عرض ہے: اودھ میں اردو مرثیہ

## تحسین منور

کتاب: اودھ میں اردو مرثیہ

مصنف: ڈاکٹر ریاض الہاشم

مبصر: تحسین منور

قول تو ہے کہ نماز بخشوانے گئے تھے اور روزے گلے پڑ گئے مگر ہمارے ساتھ کچھ اس سے جدا ہوا۔ ہم نماز پڑھنے گئے تھے اور ہمیں ڈاکٹر ریاض الہاشم اپنی کتاب 'اودھ میں اردو مرثیہ' کے ساتھ مل گئے۔ کتاب بھی ایسی ویسی نہیں، انہوں نے عنوان کے ساتھ لکھ بھی دیا ہے کہ یہ آغاز سے عہدِ حاضر تک کا معاملہ ہے۔ اس میں ہماری رُدولی سے سید جعفر مہدی رزم رُدولوی کا ذکر بھی ہے۔ یقین مانئے جمعہ کی نماز پڑھنے کے بعد ۵۰۸ صفحات پر مشتمل اس ضخیم کتاب کو لے کر ایک میٹرو سے دوسری میٹرو میں گھومنا اور اس کے بعد جہاں جانا وہاں اس کتاب کی مفت میں تشہیر کرنا بہت ہی بھاری بھر کم عمل تھا۔ وہ بھی ایسی کتاب جس کے سرورق پر میر انیسؔ، واجد علی شاہ اور جوشؔ صاحب کے علاوہ دو اور ایسی شخصیتوں کی تصویریں موجود ہوں جن کو آپ نہیں پہچان پا رہے ہوں، لیکن جو اپنے اپنے سے اور پہچانے پہچانے سے لگ رہے ہوں۔ دل میں ایک لہر سی اٹھی تھی تبھی

کہ کاش ان شعرا کا نام بھی ان کی تصویروں کے گولوں کے نیچے داغ دیا جاتا تو ہمارے بعد کی نسلوں کو ہماری طرح اپنی یادوں پر گرد جم جانے کا احساس نہ ہوتا۔ لیکن ان تصویروں کو پہچاننے کی کاوش میں وقت گزارنا نہایت آسان سا ہو گیا تھا۔

دو سو ساٹھ روپئے کی قیمت والی یہ کتاب قومی کونسل برائے فروغِ اردو زبان کے مالی تعاون سے ایجوکیشنل پبلشنگ ہاؤس نے شائع کرنے کی محنت کی ہے۔ انتساب کے بعد کے صفحہ پر سیّد نصیر رضا کا ایک بند ہے جس میں مرثیہ کو شدتِ، عظمتِ، شوکتِ، ندرتِ افکار کا 'بہتا' دریا کہا گیا ہے۔ بات یہیں تمام نہیں ہوئی ہے بلکہ مرثیہ کو نظم کی سبھی اصناف یعنی مثنوی، قصیدہ، رباعی اور غزل میں سب سے افضل قرار دیا گیا ہے۔ جو لوگ اس کے حق میں ہیں اپنے ہاتھ کھڑے کر سکتے ہیں۔ جو لوگ نہیں ہیں وہ بھی اس کتاب کو پڑھ کر اپنے آپ کو یقین دلانے کی کوشش کر سکتے ہیں۔

کتاب کے چھ باب ہیں۔ پہلا باب، دبستان اودھ ایک تعارف، چار حصوں میں تقسیم ہو جاتا ہے۔ سیاسی، سماجی، تہذیبی صورتِ حال اور چوتھا حصّہ، اودھ میں عزاداری کے فروغ کے لئے سازگار ماحول۔ دوسرا باب، اودھ میں اردو مرثیے کا تشکیلی دور تین ذیلی باب میں منقسم ہے۔ جس میں اودھ میں مرثیے کی ابتداء، اودھ کے ابتدائی مرثیے اور اہم مرثیہ نگاروں کی تخلیقات کا فنّی تجزیہ۔ اس میں محمد رفیع سوداؔ، میر تقی میرؔ، مہربانؔ، جرئاتؔ، مصحفیؔ، ضاحکؔ، میر شیر علی افسوسؔ، سکندرؔ، حیدریؔ، گداؔ، احسانؔ، ناظمؔ، مقبلؔ کے مراثی کا جائزہ ہے۔

ادب کے طالب علموں اور خاص طور سے مرثیہ پر کام کرنے والوں کے لئے یقینی طور پر کوزے میں سمندر سمو دیا گیا ہے۔ یہی نہیں مجلس و ماتم برپا کرنے والوں کے لئے

بھی یہ کسی خزانے سے کم نہیں ہے۔اس میں بے شمار ایسے مرثیے ہیں جو ہم برس ہا برس سے اپنی مجلسوں میں اور محرم کے سوگوار شب و روز میں سینہ بہ سینہ پڑھتے چلے آرہے تھے مگر اب جا کر معلوم چل رہا ہے کہ یہ کن صاحب کی تخلیقی کاوشوں کا نتیجہ ہیں۔

تیسرے باب میں خلیقؔ، فصیحؔ، ضمیرؔ اور دلگیرؔ کے حوالے سے اودھ میں اردو مرثیے کے دوسرے دور پر گفتگو کی گئی ہے۔اس میں ان کے حالات زندگی اور کلام پر روشنی ڈالی گئی ہے۔

کتاب کا چوتھا باب مرثیے کے طالب علموں کے لئے نہایت اہم ہو جاتا ہے۔اودھ میں مرثیے کا عبوری دور کے عنوان سے اس باب کو دو حصّوں میں تقسیم کیا گیا ہے۔پہلے میں تعارف :دوسرے اور عبوری دور کے فرق کے ضمن میں میر انیسؔ، مونسؔ، نفیسؔ ،وحیدؔ، عروجؔ، سلیسؔ، عارفؔ، فائقؔ اور قدیمؔ کی مرثیہ نگاری کی خصوصیت کا ذکر ہے۔ وہیں دوسرے حصّہ میں دبیرؔ، اوجؔ، مونسؔ، انسؔ، عشقؔ، تعشقؔ، مؤدبؔ، رشیدؔ، حمیدؔ، جدیدؔ اور شدیدؔ کی مرثیہ نگاری اور ان کے مرثیوں کا خصوصی بیان ہے۔پانچواں باب اودھ کے مرثیوں میں رزمیہ عناصر پر مبنی ہے۔ادب میں جدید مرثیے کی صورتِ حال چھٹا باب ہے۔جس میں مصنف کے مطابق بیسویں صدی کے مرثیہ گو شعرا کے کلام آتے ہیں۔لیکن یہاں تک پہنچتے پہنچتے کتاب اتنی پھیل چکی ہوتی ہے کہ ان پر سرسری نگاہ ہی ڈالی جا سکتی ہے لیکن اس کے باوجود اہم شعرا کا کلام یہاں موجود ہے۔پوری کتاب میں جہاں بھی مراثی کے اقتسابات دئے گئے ہیں ان کا فنّی اور تخلیقی تجزیہ بھی کرنے کی کوشش کی گئی ہے۔یہی خصوصیت ادب کے طالب علموں کے لئے بہت کام کی ہے۔

ڈاکٹر ریاض الہاشم پر اس کتاب کی تیاری کے سلسلے میں کئی حضرات نے عنایتیں کی

ہیں۔ کچھ تو عدیم الفرصت ہونے کے باوجود ہدایت کے لئے ہمیشہ موجود (سر پر سوار) رہے ہیں۔ ان قابل حضرات کی عنایتوں کے بغیر یہ کتاب منظر عام پر نہیں آسکتی تھی۔ ان میں تقریباً گیارہ پروفیسر صاحبان ہیں، چند ایک ڈاکٹر صاحبان بھی ہیں، ایک دو ماسٹر صاحب ہیں، کچھ انجینئر بھی ہیں، دوست بھی ہیں، ڈپٹی ایس پی بھی اور آر پی ایف کے کمشنر کا بھی تعاون رہا ہے۔ اپنے بھائیوں کا شکریہ بھی ہے۔ اس کتاب میں یو این این کے بانی اصغر علی انصاری مرحوم جو ریاض الہاشم کے برادر نسبتی تھے، کا بھی شکریہ ادا کیا گیا ہے۔ وہ واقعی بہت مہربان اور اچھے انسان تھے جنہوں نے اس خود غرض جہان میں زیادہ دن زندگی بسر کرنا گوارا نہیں کیا۔ اللہ مرحوم کو جنت الفردوس میں اعلیٰ مقام عطا کرے۔

کتاب میں 'حوالے' کے عنوان کے تحت شارف رُدولوی اور شارب رُدولوی، یہ دو نام کتابوں کے حوالے سے کئی بار آئے ہیں۔ جہاں تک شارب رُدولوی صاحب کی بات ہے ان سے تو ہم رُدولی والے تک 'بھلی بھانتی پریچت' ہیں لیکن اس بار رُدولی جانا ہوا تو ان شارف رُدولوی کی تلاش ضرور کریں گے جو خاموشی سے مرثیوں پر اتنا لکھ چکے ہیں کہ 'حوالے' میں شامل ہوتے چلے گئے مگر ہم رُدولی والوں تک کو ہی اس کی خبر نہیں ہو پائی۔ کہیں یہ کاتب کی خطا تو نہیں ہے جسے ہم کاتبِ تخلیق کا لکھا سمجھ رہے ہیں۔

یہ کتاب مراثی کے حوالے سے واقعی ایک بیش بہا خزانہ کہی جاسکتی ہے۔ مرثیے کی ہیئت، اسلوب، موضوع اور دیگر اجزائے ترکیبی کے مطابق بھی اس میں کارآمد بحث موجود ہے۔ ہر قسم کے مرثیوں پر گفتگو بھی کی گئی ہے۔ اس میں نہ صرف اودھ میں اردو مرثیے کا تذکرہ ہے بلکہ اگر ہم کہیں کہ مرثیہ نگاری کا مرکز ہی انیسؔ اور دبیرؔ کے حوالے سے کبھی اودھ ہی تھا اس لحاظ سے اس کتاب میں اردو ادب میں مرثیہ نگاری پر کافی تحقیق

آمیز مواد پڑھنے کو مل جاتا ہے۔ مصنف نے لگتا ہے اپنا خون پسینہ ایک کر کے اس کتاب کو آپ تک پہنچایا ہے کیونکہ اس میں اودھ کی تاریخ کے علاوہ اودھ میں مرثیے کی ارتقا کے دور کا بھی بھرپور تجزیہ کیا گیا ہے۔ یہی نہیں اگر آپ ادب کے طالب علم نہیں بھی ہیں تب بھی اگر آپ مرثیوں کو پڑھنا چاہیں تب بھی آپ کے مطابق منتخب کلام اس میں پڑھنے کو مل سکتا ہے۔

ہمیں یاد آیا کہ ہمارے مرحوم والد محترم پروانہ رُدولوی صاحب نے کبھی واقعاتِ کربلا کو مثنوی کے انداز میں 'شاہنامہ ء کربلا' کے عنوان سے ایک کتاب میں سمو دیا تھا ۔اُن کا تعلق بھی اودھ سے ہی تھا۔ ایک زمانے میں اس کتاب کی کافی دھوم تھی۔ جسے ہما اور ہدیٰ کے ادارے سے کئی بار شائع کیا گیا۔ رُدولی میں ہی سید محفوظ الحسن رضوی جنھوں نے رام چرت مانس پر تحقیق کی تھی اور جو ہندی والوں کے لئے ایک معتبر شخصیت تھے اور 'پُنڈریک' کے قلمی نام سے ہندی ادب میں عزت پاتے تھے۔ انہیں اکثر مجلسوں میں ان کے لکھے ہندی مرثیے پڑھتے بھی ہم نے دیکھا ہے۔ رُدولی کے ہی سیّد عزیز الحسن رضوی آصف رُدولوی نے بھی بہترین مرثیے لکھے ہیں۔ ممکن ہے کچھ زیادہ کی تلاش میں کچھ لوگ رہ بھی گئے ہوں۔

یہ اچھی بات ہے کہ ہر کتاب کے دوسرے ایڈیشن کی گنجائش ہمیشہ برقرار رہتی ہے۔ یہ کتاب تو یوں بھی صرف پانچ سو عدد ہی شائع ہوئی ہے۔ ہمیں امید ہے کہ دوسرے ایڈیشن میں جو یقینی طور پر جلد ہی آئے گا کیونکہ اس کتاب کی نوعیت دیکھ کر تو لگتا ہے کہ یہ زیادہ تر جن جن یونیورسٹیوں اور کالجوں میں اردو زبان کی تعلیم و ترویج عام ہے خرید والی جائے گی۔ رہی سہی کسر اردو کی لائبریریاں اور اکیڈمیاں پوری کر ہی دیں

گی۔ قیمت کم ہی ہے۔ طالب علم بھی ایک آدھ فلم یا دیگر عیب زدہ شوق کی قربانی دے کر اس کتاب سے اپنا کتُب خانہ آباد کر سکتے ہیں۔ جہاں تک ہماری بات ہے تو سچ بتائیں جیسا کہ ہم نے آغاز میں ہی کہا ہے کہ ہمیں تو یہ کتاب مفت میں ملی تھی۔ اس لئے یہ سب لکھنا فرض ہے، لیجئے کتاب عرض ہے۔۔!!!

A Review on book 'Awadh mein urdu marsia' by Dr. Riyaz AlHashmi. Reviewer: Tehseen Munawer

***

۱۰

# ذوقی کی فکری جہت نالۂ شب گیر کے حوالے سے

ڈاکٹر تسنیم فاطمہ امروہوی

"کیا کہتی ہے مجھ سے میری روٹھی ہوئی تقدیر
اے نالۂ شب گیر--------
بیگانی ہوئی جاتی ہے مجھ سے میری تصویر
اے نالۂ شب گیر--------
کیوں لکھنے لگا کوئی میرے درد کی تفسیر
اے نالۂ شب گیر--------"

موجودہ عہد کی ایک ایسی شخصیت جو اپنے شاندار ناولوں اور افسانوں سے اردو ہی نہیں بلکہ ہندی دنیا میں بھی اپنا ایک منفرد مقام بنائے ہوئے ہیں وہ شخصیت مشرف عالم ذوقی کی ہے۔ ذوقی اب تک کئی ناولوں کی تخلیق کر چکے ہیں جس میں نیلام گھر، بیان، مسلمان، شہر چپ ہے، پوکے مان کی دنیا، لے سانس بھی آہستہ اور آتش رفتہ کا سراغ جیسے ناول شامل ہیں۔ یہ ناول اپنے علیحدہ علیحدہ موضوع کی بناء پر مشہور ہوئے ہیں۔ ذوقی نے اب تک جو بھی لکھا ہے بہت سوچ سمجھ کر پوری ذمہ داری سے لکھا ہے۔ ذوقی اپنے ناول کے ذریعہ ایک نیا موضوع اور نیا مسئلہ قاری کے سامنے پیش کرتے ہیں اور

اس کا حل بھی بتاتے ہیں۔ جہاں انھوں نے "مسلمان" میں ہندوستان کے مسلمانوں کی حالت زار پر روشنی ڈالی ہے وہیں "بیان" بابری مسجد کے انہدام کا نوحہ بیان کرتا ہے۔ "پو کے مان کی دنیا" نئی نسل اور نئی تہذیب کی افسوس ناک تصویر پیش کرتا ہے تو "پروفیسر ایس کی عجیب داستان وایا سونامی" موجودہ عہد کی سماجی، سیاسی، مذہبی اور ادبی اور فکری ناانصافیوں کے خلاف اپنا احتجاج درج کراتا ہے۔ جہاں "لے سانس بھی آہستہ" تہذیبوں کے تصادم کی کہانی کو پیش کرتا ہے وہیں "آتش رفتہ کا سراغ" مسلمانوں کے خلاف رچی جارہی سیاسی سازشوں کی قلعی کھولتا ہے۔

ذوقی نے اپنے پچھلے تمام ناولوں کی طرح اس ناول کا موضوع بھی منفرد رکھا ہے۔ صرف موضوع ہی نہیں بلکہ اسلوب و تکنیک بھی دوسرے ناولوں سے علیحدہ استعمال کی ہے۔ اس ناول کے ذریعہ ذوقی نے ایسے مسئلے کو قاری کے سامنے پیش کیا ہے جو آج ہندوستان کا ہی نہیں بلکہ تمام ممالک کا مسئلہ بن چکا ہے اور یہ مسئلہ ایک عورت، اس کے حقوق اور اس کی عصمت و وقار کا ہے۔ یوں تو عورتوں کے موضوع کو بہت سارے ناول نگاروں نے اپنے ناول میں جگہ دی ہے۔ منٹو، عصمت چغتائی، خدیجہ مستور، واجدہ تبسم وغیرہ مگر ایک عورت کے جس پہلو سے ذوقی نے ہمیں متعارف کرایا ہے وہاں تک شاید ہی کوئی ناول نگار پہنچا ہو۔ انھوں نے اپنے ناولوں میں عورتوں کے درد و کرب، ان کی کمزوری، ان کے استحصال کے ذکر کے ساتھ ساتھ ان کے احتجاج اور انتقام کی کہانی کو بہت انوکھے انداز میں سچائی کے ساتھ پیش کیا ہے۔

ذوقی نے اس ناول کے ذریعہ ایک ایسے سماج کو ہمارے روبرو کرایا ہے جہاں عورتیں ایک انسان نہ ہو کر محض ایک ضرورت بن چکی ہیں۔ جہاں ان کا استحصال کیا جاتا ہے اور ان کے آواز اُٹھانے پر ان کو موت کے کنویں میں دھکیل دیا جاتا ہے۔ یہ ناول

ایسے ہی سماج سے جو جھتی ہوئی ایک لڑکی کی کہانی ہے۔ مشرف عالم ذوقی نے ناول کے آغاز میں صوفیہ مشتاق احمد کو ناول کی ہروئین کی حیثیت سے تعارف کرایا ہے مگر ناول کے مطالعہ کے بعد ایسا لگتا ہے کہ ناول کی ہروئین صوفیہ نہ ہو کر ناہید ناز ہے۔

صوفیہ ذیلی کردار اور ناہید ناز کلیدی کردار کی حیثیت سے نظر آتی ہیں۔ یہ ناول انہیں دو کرداروں کے گرد گھومتا ہے جہاں صوفیہ ایک ایسی بدنصیب لڑکی ہے جو تاز ندگی پیار اور شفقت سے محروم رہی۔ اس کے والدین بچپن میں ہی انتقال کر گئے تھے۔ اس کے بھائی بہن اس کو بوجھ سمجھ کر اس کی شادی کسی بھی لڑکے سے کرا کر اپنے فرض سے سبک دوش ہونا چاہتے ہیں۔ یہی صدمہ صوفیہ کو گھر چھوڑنے پر مجبور کر دیتا ہے۔ تو دوسری طرف ناہید ناز ایک ایسی زندگی گزارنے پر مجبور ہے جو جہنم سے بھی بدتر ہے وہ اپنے ماں باپ بہن بھائی کے موجود ہونے کے باوجود پیار اور شفقت کو ترستی ہے۔ وہ خود کو اپنے ہی گھر میں محفوظ نہیں پاتی اور پھر ایک ایسا حادثہ پیش آتا ہے کہ ناہید کو بھی اپنا گھر چھوڑنا پڑتا ہے۔

"کچھ باقی رہ گیا ہے۔۔۔۔۔ میں امی کی طرف پلٹی۔۔۔۔۔۔۔ میں نے پھر اس لفظ کو دوہرایا۔۔۔۔۔۔ کچھ باقی رہ گیا ہے ۔۔۔۔۔۔ اماں کسی اور سوچ میں گرفتار تھیں۔ لیکن یہ لفظ کچھ باقی رہ گیا ہے۔ دیر تک میرے اعصاب پر سوار رہے۔ اندر کشمکش چل رہی تھی۔ گھر میں طوفان آسکتا ہے۔ جب گھر میں مردوں کو بہوش عظیم کا پتہ چلے گا تو ہنگامہ شروع ہو جائے گا۔ مجھے اس ہنگامہ سے پہلے ہی گھر چھوڑ دینا تھا۔ میں اب کسی مصیبت کا سامنا نہیں کرنا چاہتی تھی۔ جب کی میں اتنی باہوش تھی کسی بھی مصیبت کا سامنا کرنے کو تیار تھی۔"

نالۂ شب گیر ہر اس لڑکی کی کہانی کو پیش کرتا ہے جو راہ چلتے، بسوں میں، کالجوں میں

یہاں تک کہ اپنے ہی گھر میں خود کو غیر محفوظ تصور کرتی ہے۔ آزاد ہندوستان میں آج کوئی بھی عورت خود کو آزاد نہیں پاتی ہے۔ ناول میں ذوقی نے ان دو نسوانی کرداروں کو اس طرح پیش کیا ہے کہ وہ قاری کا مرکز بنی رہتی ہے۔ ایک صوفیہ مشتاق احمد اور دوسری ناہید ناز جو مرد سے انتقام لینا چاہتی ہیں۔ ناول میں ذوقی نے خود کو مصنف کی حیثیت سے پیش کیا ہے جو ایک نئی کہانی کی تلاش میں گھومتا رہتا ہے۔ اسی بیچ جیوتی گنگ ریپ کا حادثہ ہوتا ہے اور پوری دہلی میں انقلابی آگ پھیل جاتی ہے اور انڈیا گیٹ کے چوراہے پر انقلابی مجمع میں مصنف کی ملاقات ناہید ناز سے ہوتی ہے، جو مصنف کو پر اثر انداز سے متاثر کرتی ہے اور وہ اس کی کہانی کو جاننے کے لئے بیقرار نظر آتا ہے اس کی یہی بیقراری اس کو ناہید ناز کے گھر نینی تال پہنچا دیتی ہے۔ وہاں ناہید اس کو اپنی زندگی کی ایسی کہانی سناتی ہے جس کو سننے کے بعد مصنف ہی نہیں قاری کے بھی رونگٹے کھڑے ہو جاتے ہیں۔ ذہن سوچنے پر مجبور ہو جاتا ہے کہ کیا کسی گھر میں ایسا واقعہ بھی پیش آیا ہوگا۔ کیا کسی گھر میں ایسے بھی لوگ ہونگے جو انسان نہیں بلکہ حیوان ہیں۔ جنہیں رشتوں کا لحاظ نہیں، جہاں بیوی، بھابھی، بیٹی، بھتیجی میں فرق ہی نہ ہو۔ کیا کوئی ماں اتنی بے بس ہو سکتی ہے کہ سب کچھ دیکھتے اور سمجھتے ہوئے بھی آنکھ موندے رہتی ہے۔

یہ ناول جہاں عورتوں کے استحصال کی داستان بیان کرتا ہے وہیں ایک عورت کا مردوں کے لیے نفرت اور انتقام کی بڑھتی ہوئی شدت کو بھی دکھاتا ہے۔ یہ ہر اس عورت کی داستان بیان کرتا ہے جو مردوں کے ظلم و جبر، جنسی زیادتی، تشدد، مردوں کی جھوٹی انا کے خاطر خود کو قربان کرتے کرتے تھک چکی ہے اور اب وہ ان سب سے آزادی چاہتی ہے۔ وہ آج مردوں کے کندھے سے کندھا ملا کر چلنا چاہتی ہے۔ ایک عورت جو ہر جگہ نظر آتی ہے فلم سے لے کر سیاست تک، اسکول کالجوں سے لے کر اسپتال تک وہ ہر

جگہ موجود ہے مگر جب وہی عورت اپنے گھر سے نکلتی ہے تو یہ مرد اور سماج اس پر الزام لگانے سے نہیں چوکتا۔ اگر وہ کسی مرد سے بات کرتی ہے تو اس کے ساتھ اس کا رشتہ بنا دیا جاتا ہے۔ ہمیشہ عورت کے بارے میں غلط ذہن کیوں رکھا جاتا ہے۔ مردوں کے لیے ایسا کیوں نہیں سوچا جاتا ہے۔ انہیں سوالوں کے منجدھار میں پھنسی ناہید ناز کو جب لغات کا کام ملتا ہے تو وہ فاحشہ، کلنکنی، طوائف، رنڈی، وحشیا یہ سارے نام وہ مردوں سے منسوب کر دیتی ہے اور کہتی ہے کہ آنے والے وقتوں میں مرد کو اسی ناموں سے جانا جائے گا۔ اس کو اسی ناموں کے ساتھ جینا ہو گا۔

یہ ناول ایسے سماج کے احتجاج کی کہانی ہے جہاں عورت کس طرح برسوں سے صدمے اٹھا رہی ہے، ان کا کلیجہ مردوں کے طعنوں اور ان کے کوسنے سے چھلنی ہو چکا ہے، ناسور بن چکا ہے اور جب یہ ناسور پھٹتا ہے تو ناہید ناز جیسی عورت وجود میں آتی ہے۔ جو سماج کی ہر بندشوں کو توڑنا چاہتی ہے عورت کے راہ میں بچھے کانٹوں کو نکال پھینکنا چاہتی ہے۔ وہ مردوں سے ان کے ظلم کا انتقام لینا چاہتی ہے۔ ہر وہ کام جو عورت سے منسوب ہے مردوں کے نام کرنا چاہتی ہے۔ اس لئے ناہید ناز کمال کو بار بار ہر وہ کام کرنے پر مجبور کرتی ہے جو ایک مرد کی انا کو گوارا نہیں اور آخر میں وہ کمال کو گھر سے باہر نکال دیتی ہے۔

"میں کانپ رہا تھا'تم جانتی بھی ہو تم کیا کر رہی ہو___پاگل ہو گئی ہو تم___'

'بس نکلو___ورنہ دھکے مار کر۔۔۔۔۔۔۔۔۔۔ لوہے کا ڈنڈا پاگل پن کے انداز میں گھوماتی ہوئی وہ مجھے باہر والے دروازے تک لے آئی__اس کے چہرے کا رنگ اچانک بدلہ تھا__اب اس چہرے پر مسکراہٹ تھی__وہ غصہ سے میری طرف دیکھتی ہوئی چیخی __تم لوگ ایسے ہی اپنی بیویوں کو گھر سے باہر نکالتے ہونا__؟ دھکے مار

کر۔۔۔۔۔؟ سوچتے بھی نہیں کہ وہ کیا کرے گی؟ کہاں جائے گی__ تمہارے الفاظ اس پر کیا اثر کریں گے__؟ سب کچھ بھول جاتے ہو تم لوگ نا۔۔۔۔۔۔؟ اب میں یہی کرنے والی ہوں۔۔۔۔۔۔ دیکھ کیا رہے ہو__ نکلو باہر۔۔۔۔۔۔۔ باہر نکلو____؟"

(نالۂ شب گیر۔ مشرف عالم ذوقی ص ۳۵۲)

ناہید اپنے شوہر کے انتقام کے ذریعہ مردوں کو یہ سبق دینا چاہتی ہے کہ اب کوئی مرد عورت کے ساتھ زیادتی کے بارے میں سوچے گا بھی نہیں۔ آج عورت اتنی مضبوط ہو چکی ہے کہ وہ مردوں کے سہارے کے بنا اپنی زندگی خوشگوار طریقے سے گزار سکتی ہے اور ناہید ناز نے ایسا کر کے بھی دیکھا یا سا پنے گھر کو خیر آباد کرنے کے بعد وہ ایک ایسے گروہ سے جڑ جاتی ہے جو صرف عورتوں کے لیے ہی کام کرتا ہے، وہ عورتوں کو بنا مرد کے جینا سیکھاتا ہے۔

صدیوں سے عورتوں کے ساتھ مردوں کا جو رویہ رہا ہے وہ غیر مناسب ہے۔ مگر آج زمانہ بدلہ ہوا نظر آتا ہے اب کہا جاتا ہے کہ عورتوں کو مردوں کے برابر حقوق ملنا چاہئے انہیں بھی آزادی سے جینے کا حق ہے مگر آج جب عورت مردوں کے ساتھ قدم سے قدم ملا کر چلنا چاہتی تو ہمارا سماج ہی اسے پیچھے دھکیل دیتا ہے کیوں؟ وہ کہتا ہے کہ ہم عورتوں کی عزت کرتے ہیں وہ یہ کیوں نہیں کہتے کہ ہم مردوں کی عزت کرتے ہیں۔ ان کا یہ کہنا کہ\" ہم عورتوں کی عزت کرتے ہیں\" کا مطلب ہی یہی ہے کہ عورتوں کو مردوں کی برابری کا درجہ نہیں مل پا رہا ہے__ مگر کیوں؟ ایسی کیا وجہ ہے جو عورتوں کو مرد کے برابری کا درجہ نہیں مل پا رہا ہے لہذا عورتوں کو ابھی اور طاقتور بننے کی ضرورت ہے تاکہ وہ مردوں کے سماج میں سر اُٹھا کر چل سکے اور ان کو یہ کہنے پر مجبور کر سکے کہ "ہاں عورت اور مرد برابر ہیں۔"

\"چھو کر دیکھو دل میرا میں دل میں تم کو بھر لونگی
پر چھیڑ کر دیکھو تم مجھکو میں تم کو نہیں جینے دونگی\"

نالۂ شب گیر میں ذوقی نے سادہ مگر ٹھوس الفاظ کا استعمال کیا ہے کہیں کہیں انھوں نے ایسے الفاظ اور جملے لکھے ہیں جو دل کو چھو جاتے ہیں۔ نالۂ شب گیر میں انھوں نے عبارت میں یا کرداروں کے مکالموں میں ایسے جملے لکھے ہیں جو ساخت کے اعتبار سے مختصر ہوتے ہیں مگر ان کے اندر جو گہرائی چھپی ہے وہ قاری کے ذہن اور اس کے وجود میں ایک تلاطم برپا کر دیتی ہے۔

"اور اب میری سمجھ میں آیا کہ ان سب کے پیچھے کون ہے __؟ مائی گاڈ۔۔۔۔۔۔۔سب کچھ آنکھوں کے سامنے ہو رہا تھا اور ہم کتنے بے خبر تھے۔

'ان سب کے پیچھے کون ہے؟'ناہید کا لہجہ بھی بدل گیا تھا۔

'عورت'

نرمل اساس کا لہجہ اس وقت برف کی طرح سرد تھا__ 'عورت' جس نے آئی ٹی انڈسٹری سے سائبر اسپیس تک قبضہ کر لیا۔ اور انتہائی ہوشیاری سے مردوں کو ایک نیا مرد بنا دیا۔ یعنی عورت۔۔۔۔۔۔۔"

(نالۂ شب گیر۔ مشرف عالم ذوقی ص ۳۱۹)

مشرف عالم ذوقی نے روز مرہ کے پیش آنے والے واقعات و حادثات کا بہت گہرائی سے مشاہدہ کیا ہے اور اس کو سچائی کے ساتھ اپنے ناول میں سمو دیا ہے۔ ان کا لہجہ، اسلوب، اندازِ بیان سادہ اور سلیس ہے۔ کہیں کہیں علامتیں نظر آتی ہیں مگر ایہام نہیں ہے۔ ذوقی نے ناول میں ناہید ناز کے ذریعہ ان مردوں کے خلاف احتجاج پیش کیا ہے جو عورتوں کا استحصال کرتے ہیں اور ساتھ ہی ان کے خلاف اپنا غم و غصہ بھی درج کرایا

ہے۔ ذوقی نے بیچ بیچ میں چھوٹی نظمیں اور مرثیوں کا استعمال بھی کیا ہے۔ یہی وہ منفرد اسلوب ہے جسے ذوقی نے اپنایا ہے اور وہ اس نئے اسلوب کی بدولت وہ اردو ادب کو ایک نیا ڈائمنشن دینے میں کامیاب رہے ہیں۔ اپنے اسلوب اور طرزِ فکر کی وجہ سے یہ ناول اس موضوع پر لکھی جانے والی تحریروں میں زیادہ قابلِ اعتنا نظر آتا ہے۔ ناول کے سارے افراد و واقعات ٹھوس اور حقیقی نظر آتے ہیں اور ایسا شاید اس لیے ہو سکا کہ ناول کی زبان اور پیرائے بیان بھی ٹھوس، غیر جذباتی اور تعمیری ہیں۔ اس میں موزونیت اور لطافت نہیں جو شاعرانہ نثر کا حصہ ہے۔ لیکن خشک اور بے رنگ الفاظ کی اوٹ سے گہری سوچ اور عصری حقائق سے الجھنے والی فکر کی کرنیں اس طرح پھوٹتی ہیں کہ ذہن چکا چوند ہو جاتا ہے۔ ناول میں سلاست اور روانی اتنی ہے کہ ناول بوجھل نہیں معلوم ہوتا ہے اور قاری کی دلچسپی آغاز سے اختتام تک بنی رہتی ہے۔

"مگر کیا سچ مچ ایسا ہے میڈم -------- نہیں مجھے معاف کیجئے گا۔ کیا یہ دنیا اس حد تک بدک چکی ہے؟

یہ اپنے اپنے نظریہ سے سوچنے اور دیکھنے کی بات ہے--------،

'ہاں۔'یہ بھی ٹھیک ہے،--------نرمل اساس مسکرانے کی کوشش کر رہا تھا__'اور آپ نے صیحح کہا۔ ڈسکو چلے جایئے۔ نئی نسل کو دیکھئے۔ مرد اور عورت اور عورت مرد--------یعنی سمجھ میں نہیں آتا کہ کون کیا ہے۔ میرے بیٹی کانوں میں چھلے پہنے ہیں۔ بیٹی لڑکوں کی طرح رہتی ہے۔ شاید آپ ٹھیک کہتی ہیں۔ لیکن اس بدلتی ہوئی صورت حال میں--------وہ شیشے کے کیبن سے باہر دیکھ رہا تھا__'تبدیلی بہر حال ہم ایک بڑی اور خوفناک تبدیلی کی زد میں ہیں۔"

(نالۂ شب گیر۔ مشرف عالم ذوقی ص ۳۱۰)

نالۂ شب گیر کے بعد یہ بہ آسانی کہا جا سکتا ہے کہ ناول موضوع کے اعتبار سے قاری کو متاثر کرتا ہے اور پڑھتے وقت وہ اپنے آپ کو ناول سے وابستہ کر لیتا ہے کیوں کہ یہ تمام حالات اس کے اپنے عہد کے ہیں اور ان تمام واقعات سے وہ کہیں نہ کہیں گزرتا بھی ہے۔ ذوقی کا یہ ناول بلاشبہ دور حاضر کی تلخ سچائی ہے۔ کم کرداروں اور پرکشش لب و لہجہ کی بناء پر یہ ناول دلچسپ ہے۔ جیوتی گنگ ریپ اور انڈیا گیٹ پر انقلابی ماحول تو سبھی کے ذہنوں میں آج بھی موجود ہے لیکن ذوقی نے اپنے کرداروں کے ذریعہ نالۂ شب گیر میں ہمیشہ کے لئے درج کرا دیا ہے۔

آتش رفتہ کا سراغ-بٹلہ ہاؤس کی سچائی کو بے نقاب کرنے والا ناول

آتش رفتہ کا سراغ-بابری مسجد انہدام اور بٹلہ ہاوس انکاونٹر کے تناظر میں ناول

ناول آتش رفتہ کا سراغ-سیکولر ہندوستانی فکر کا ترجمان

A review of 'Naala-e-Shab-Geer - Musharraf Alam Zauqui' by: Almaas Fatima.

***

۱۱

# اردو دنیا کا ایک معتبر محقق و مصنف:

# انجینئر محمد سمیع الدین

فرقان سنبھلی

روہیل کھنڈ میں ضلع بجنور کے قصبہ دھامپور سے تقریباً ۷ رکلو میٹر فاصلے پر شمال مغرب کی جانب ایک بستی آباد ہے جس کا نام "حبیب والا" ہے۔ حبیب والا "خطہ یونان" کے نام سے مشہور ہے کہ یہاں ہر خاص وعام نے علم کو فرض سمجھ کر اپنایا ہے یہی خطہ یونان انجینئر سمیع الدین کی جائے پیدائش ہے۔ انجینئر سمیع الدین کی عمر محض پانچ سال تھی کہ وہ سایۂ پدری سے محروم ہوگئے۔ ولیہ صفت والدہ کی بے مثال تربیت اور بھائیوں کی محبت وشفقت نے آپ کی شخصیت میں نکھار پیدا کیا۔ علی گڑھ مسلم یونیورسٹی کے انینیر نگ کالج سے ۱۹۶۷ء میں سول انجینرنگ میں ڈگری حاصل کی اور کئی محکموں میں خدمات انجام دینے کے بعد ۳۰ ستمبر ۱۹۹۸ کو یو۔پی کے محکمۂ آب پاشی میں اگیزیکٹیو انجینئر کی پوسٹ سے رٹائر ہوئے۔ دوران ملازمت ان کی دھمک دور دور تک سنائی پڑتی تھی جو ان کی انتظامی اور تکنیکی خداداد صلاحیتوں کی مظہر ہے۔ ان کی سخت مزاجی کے سبب کئی منسٹر اور ایم. ایل. اے ان سے الجھے لیکن انھوں نے منھ کی کھائی۔

انجینئر سمیع الدین کی تربیت مذہبی ماحول میں ہوئی شاید اسی لیے ان کے اندر تصوف سے گہرہ شغف پیدا ہو گیا۔ خود ان کے ساتھ ایسے واقعات رونما ہونے کے شواہد ملے کہ لوگ حیران رہ گئے ۔ ان کے کئی ماتحت ملازمین اور متعلقین نے ان کی کرامات بھی بیان کی ہیں ۔ میں نے بھی اپنی ملاقاتوں کے درمیان انھیں درویشانہ صفات سے متصف پایا۔ وہ نہایت جری، حوصلہ مند اور راست گو انسان ہیں لیکن نرم دل بھی اتنے ہیں کہ بقول شخصے:"سارے جہاں کا درد ہمارے جگر میں ہے۔" انھوں نے جس تن دہی کے ساتھ اپنے فرض منصبی کو ادا کیا وہ اپنے آپ میں حیرت انگیز ہے۔ وہ محکمے میں بطور سیلاب مخالف ایکسپرٹ مشہور ہوئے۔ انھوں نے سیلاب مخالف متعدد پروجیکٹوں پر سینہ سپر ہو کر نہ صرف خود کام کرایا بلکہ ساتھیوں کی بھی ہمت و حوصلہ افزائی کی۔ وہ ہولی ووڈ(Holly Wood) کی فلموں کے ہیرو سریکھے نظر آتے ہیں جب کہ وہ خونخوار شیر، چیتوں اور دیگر جنگلی جانوروں کے درمیان سے گذر کر اپنی سائٹ پر پہنچ جاتے ہیں وہ بھی بے خوف و خطر اور اکیلے ! دریائے گنگا، جمنا اور کوسی وغیرہ جیسے متعدد عظیم دریاؤں کے کنارے بنے پشتوں کے ٹوٹنے کو روکنے اور کئی ٹوٹتے پشتوں سے آبادی کو بچانے کی ان کی کوششیں کسی ہالی ووڈ ہیرو کے کردار کو پہنچتی محسوس ہوتی ہیں حالانکہ یہ ہیں حقیقت ! اور یہیں ان کی عظمت کا اعتراف کرنا پڑتا ہے۔ یہ تو تھا انجینئر سمیع الدین کی زندگی کا ایک رخ۔ اب ان کا دوسرا رخ ملاحظہ فرمائیں۔

انجینئر سمیع الدین نے اعلی سرکاری ملازمت سے باعزت سبکدوش ہو جانے کے بعد دیگر کی طرح سونے، رونے دھونے یا گردوپیش کے حالات سے شکوہ شکایات کرنے میں وقت ضائع نہیں کیا۔ بلکہ اپنے اس شوق کو زندہ کیا جو کہ ان کی بے پناہ مصروفیت کے سبب دل کے کسی گوشے میں مقید تھا۔ انھوں نے مختلف موضوعات پر دستیاب مستند

کتب کے مطالعے کے بعد محققانہ انداز میں لکھنے کا سلسلہ شروع کیا اور بہت کم وقت میں ایسا ادبی تہذیبی تاریخی اور دستاویزی سرمایہ جمع کر دیا کہ پیشہ ور مصنف بھی انگشت بہ دنداں رہ جاتے ہیں۔ وہ اپنی تجزیاتی صلاحیتوں کا تولوہا منواتے ہی ہیں ساتھ ہی دلنشیں انداز بیان سے ان کی تحریریں دلچسپ اور معنی خیز بن جاتی ہیں۔ وہ جب تاریخ پر لکھتے ہیں تو محض مورخ ہی نہیں ہوتے بلکہ محقق بھی ہو جاتے ہیں۔ تحقیق کے مراحل طے کرتے ہوئے ان مقامات کا سفر کرتے ہیں جس کے بارے میں انھیں لکھنا ہے۔ اپنے سفر سے اکثر نیا انکشاف کر کے ہی لوٹتے ہیں۔ ذاتی ملاقاتوں کے دوران مجھے اس بات کا شرف حاصل رہا کہ وہ اپنے اسفار اور تحقیق کے متعلق تاثرات کا اظہار کرنے کو کہتے اور میں بے تکلفی کے ساتھ اپنے تاثرات کا اظہار کرتا۔ سمیع الدین صاحب کی اب تک چودہ تصنیفات منظر عام پر آچکی ہیں اور دو طباعت کے مراحل میں ہیں۔

انجینئر سمیع الدین سے میری پہلی ملاقات ان کی شہرۂ آفاق کتاب "سلطان الشہدا" کے سلسلے میں ہوئی اور اس کے بعد سے نہ جانے کتنی مرتبہ ملاقاتیں ہو چکی ہیں۔ اس دوران کیا کچھ ان سے سیکھنے کو ملا وہ احاطۂ تحریر سے باہر ہے۔ مجھے ان کی نثر کا رواں انداز پسند ہے۔ وہ ہر مشکل لفظ کی وضاحت حواشی کے ذریعے کرتے ہیں اور اس خوبی کے ساتھ کرتے ہیں کہ گویا انھیں اپنی تحریر پر عبور حاصل ہے۔ تلفظ کے مسئلے یا پھر تکنیکی ٹرم کو انگریزی میں لکھ دینا بھی یہ بتاتا ہے کہ وہ قاری کا کس حد تک خیال کرتے ہیں۔ شاید یہی وجہ ہے کہ وہ عوام و خواص دونوں میں یکساں طور پر مقبول ہیں۔ ماہر انجینئر ہونے کا پورا ثبوت فراہم کرتے ہوئے وہ اپنی تحریر کی مناسبت سے خود کے بنائے نقشے بھی پیش کرتے ہیں جو کہ قارئین کے لیے کسی تحفہ سے کم نہیں ہوتے۔ اس سے انجینئر صاحب کی جغرافیائی معلومات کا بھی عندیہ ملتا ہے۔

انجینئر سمیع الدین نے اپنی بے پناہ مصروفیت کے درمیان ہی لکھنے کا آغاز ۲۰ویں صدی کے چوتھے ربع میں کیا تھا۔ ان کی پہلی کتاب "کہکشاں" 1981 میں شائع ہوئی جو کہ بلند شہر نمائش کے موقع پر منعقدہ مشاعرہ کی روداد نیز شعرا کے تعارف وکلام پر مبنی تھی۔ اسی سلسلے کو فروغ دیتے ہوئے انھوں نے ۱۹۸۲ میں "آبگینہ" کے عنوان سے کتاب شائع کی جس میں شعراء کے تعارف وکلام کے ساتھ ساتھ بلند شہر ضلع کی مشہور و معروف اور قابل فخر شخصیات کی سوانح بھی شامل تھیں۔ شاعر انقلاب جوش ملیح آبادی، مسیحائے غزل فراق گورکھپوری، احسان دانش، حفیظ جالندھری کی شاعرانہ عظمت اور جونسار بابر کے علاقہ کی "رسم دروپدی" اور ڈاک پتھر کے قدرتی مناظر پر ان کے مضامین بھی اس کتاب کی زینت تھے۔

"پریتی پنج" عنوان سے ان کی دیوناگری رسم الخط میں کتاب شائع ہوئی جس میں شعراء کا تعارف اور ان کی شاعری پر تنقید کے ساتھ کلام بھی شامل کیا گیا تھا نیز اردو شاعری کی اصناف پر بھی مضمون شامل کیے گئے تھے۔ مشہور صوفی بزرگ اور ولی اللہ سید سلطان بہرائچیؒ ان کی اولاد، خلفاء اور کئی دیگر متعلقہ صوفیاء کرام کی بابت معلومات فراہم کرتے ہوئے انھوں نے کتاب "سید عبد الرحمن بن فضل اللہ" تحریر کی۔ جس میں شجرات رنگین تصاویر اور نقشہ جات کی شمولیت نے تحقیقی مواد کو زیادہ موثر بنادیا ہے۔

سید سالار مسعود غازیؒ کی ذات شریف کو تاریخ سے زیادہ افسانہ بنا کر پیش کیا جاتا رہا ہے لیکن ان کی تاریخی حیثیت کو تحقیق کی روشنی میں پیش کرنے کی کوشش انجینئر سمیع الدین نے کی ہے۔ انھوں نے ان تمام اضلاع کا ذکر مع تاریخ کیا ہے جہاں جہاں سے سید سالار مسعود غازیؒ کا گذر ہوا یا پھر معرکہ آرائی ہوئی۔ چونکہ میرا تعلق

سنبھل سے ہے اور یہاں برسوں سے "نیزہ میلا" لگتا ہے جس کی تاریخی حیثیت کا صحیح تعین ایک معمہ بنا ہوا ہے۔ اس سلسلے میں انجینئر سمیع الدین نے خاطر خواہ روشنی ڈالی ہے ۔ان کا کہنا ہے کہ سنبھل میں سید سالار مسعود غازی کی کوئی معرکہ آرائی نہیں ہوئی بلکہ سنبھل کے نزد واقع شہباز پور میں علاقے کے راجہ پرتھوی راج (یہ دلی کا راجہ پرتھوی راج چوہان یا رائے پتھورا نہیں ہے) سے معرکہ آرائی ہوئی تھی۔ اس کے بعد جب وہ بحیثیت فاتح سنبھل میں داخل ہوئے تو اس خوشی کے حوالے سے سنبھل میں "نیزے" کے نام سے عوامی میلہ لگتا ہے۔ بہرحال شہداء کے مزارات کی رنگین تصاویر اور نقشہ جات سے مزین یہ کتاب سید سالار مسعود غازی کی شخصیت کو تاریخی جامع عطا کرتی ہے۔

"چند قدم گھر سے ---!!" ان کا "سفرنامہ پاکستان" ہے لیکن اس میں جس قدر انکشافات ہیں وہ کتاب کی قدروقیمت میں بے حساب اضافہ کر دیتے ہیں ۔ ان انکشافات میں جہاں ان کی ملک سے محبت کا ثبوت فراہم ہوتا ہے وہیں ملک کے غیر سیکولر عوام و خواص کی منفی سوچ کا بھی پتہ لگتا ہے۔ انھوں نے اپنی اس کتاب میں کراچی و لاہور میں واقع بزرگوں کے مزارات، کراچی کا انجینئرنگ نقطہ نظر سے جائزہ پیش کرنے کے ساتھ ساتھ لاہور کی تاریخ اور برصغیر کی تقسیم وغیرہ پر بھی بھرپور انداز میں روشنی ڈالی ہے۔

قرآن کریم میں جن ۲۶ الوالعظم انبیاء اکرام کا ذکر آیا ہے ان کے تذکرے بمعہ شجرہ، غزوات، سرایا اور اصحاب بدر کی تفصیلات پر مبنی کتاب "درّ بے بہا" کو بے حد پسند کیا گیا۔ اسے مذہبی تعلیم نصاب میں شامل کرنے کی ضرورت سے انکار نہیں کیا جا سکتا۔ کہتے ہیں کہ اس کتاب کا منی پور، کنڑ اور انگریزی زبانوں میں ترجمہ کیا جا رہا ہے۔ قابل

ذکر بات یہ ہے کہ اس کتاب کی اشاعت کے بعد انجینئر سمیع الدین کو (بقول خود ان کے) خواب میں حضور مقبول ﷺ کی زیارت نصیب ہوئی گو ان کی اس کاوش کو بارگاہِ رب العالمین میں بھی پسندیدگی کا درجہ حاصل ہوا اپنی اس خوش بختی پر سمیع الدین صاحب جتنا بھی ناز کریں، وہ کم ہے۔

انجینئر سمیع الدین کی تصنیف، "تاریخ راپڑی اوراس کی عظمت پارینہ" ایک ایسی تاریخی اور خوشحال بستی کی داستان بیان کرتی ہے جس کا ذکر عرب سیاح ابنِ بطوطہ نے اپنے سفر نامے میں کیا ہے۔ یہ بستی آج اپنی عظمت کھو بیٹھی ہے۔ اس کتاب میں بھی کئی انکشافات کیے گئے ہیں نیز بستی میں رہے صوفیاء کرام کی سوانح پر بھی روشنی ڈالی گئی ہے۔ ضروری نقشے اور رنگین تصاویر تو قابلِ ذکر ہیں ہی۔

"تذکرہ گنج ہائے گراں مایہ":

تقریباً ساڑھے تین ہزار صفحات پر مشتمل انجینئر سمیع الدین کی یہ کتاب پانچ جلدوں پر مشتمل ہے۔ ان پانچ جلدوں کو سمیع الدین صاحب نے علیحدہ ناموں سے بھی موسوم کیا ہے، جیسے :

جلد اول - تاریخ دودمانِ عالی

جلد دوم - قریہ جو ایک ہے عالم میں انتخاب

جلد سوم - منبع الاسرار

جلد چہارم - تذکرۂ جہانیاں

جلد پنجم - تذکرۂ متفرقات

مذکورہ جلد اول تا چہارم شائع ہو کر مقبول عام وخاص ہو چکی ہیں جبکہ پانچویں جلد شائع ہونی باقی ہے۔ اس جلد میں چار جلدوں پر قارئین کے تاثرات، تجاویز نیز مشورے

تو شامل ہونگے ہی ساتھ ہی ساتھ اشاریہ اور ماخذ وغیرہ بھی شامل ہوں گے۔ اب سے کئی سال قبل جب میں انجینئر صاحب سے ملنے جاتا تو وہ اکثر کہا کرتے کہ یہ ان کی زندگی کا خواب ہے کہ "تذکرہ گنج ہائے گراں مایہ" شاندار طریقے سے شائع ہو۔ دور حاضر میں اشاعت کا صرفہ کمزور مالی حالت والے مصنفین کی جستجو کو فوت کر ڈالتا ہے ۔ انجینئر صاحب نے بھی جس ایمان داری اور جس طمطراق کے ساتھ فرائض منصبی ادا کیے اس میں رٹائرمنٹ کے بعد کئی لاکھ روپئے میں ساڑھے تین ہزار صفحات کی اشاعت کا مسئلہ نہایت اہم تھا۔ لیکن بلند حوصلہ انجینئر صاحب نے آخر کار ان کتابوں کی اشاعت کا مرحلہ خوش اسلوبی کے ساتھ مکمل کر لیا۔ پہلے کمپوزر حضرات اور بعد میں اشاعتی طریقہ کار میں جس طرح کی دشواریاں پیش آئیں ان سے میں بہ خوبی واقف ہوں اسی بنیاد پر یہ بھی کہہ سکتا ہوں کہ ان کتابوں کی اشاعت صرف انجینئر صاحب کے حوصلے اور ذوق و شوق کے ذریعے ہی ممکن تھی۔

"تذکرہ گنج ہائے گراں مایہ" کی پہلی جلد کو کھولا تو ایک شعر نظر آیا:

میں جھوٹ کی بستی میں بھی سچ بول رہا ہوں
اب میرے لیے اس کی سزا دیکھیے کیا ہو

اور یہ بھی :

داستانیں لکھ کے رکھ لو چند عنوانوں کے ساتھ
پھر یہ باتیں ختم ہو جائیں گی دیوانوں کے ساتھ

تاریخ گواہ ہے کہ جس قوم نے اپنے اسلاف کو بھلا دیا اپنے تشخص کو مٹا دیا اور اپنی تہذیب و تمدن اور ثقافت کو فراموش کر دیا، اس کو تاریخ نے کبھی معاف نہیں کیا۔ قوم کی فکر اور اپنے اسلاف کی عظمت کو بچائے رکھنے کی خاطر انجینئر سمیع الدین نے لکھنے

کا جو سلسلہ شروع کیا وہ یقیناً قوم کے لیے نہایت سود مند ثابت ہوا ہے:

اپنے اسلاف کی عظمت کو بچایا جائے
بوجھ بھاری ہے چلو مل کے اٹھایا جائے

ملازمت سے سبکدوشی کے بعد جب انجینئر سمیع الدین پر یہ انکشاف ہوا کہ وہ اب تک محض خسارے کا ہی سودا کرتے رہے ہیں تو وہ دیرینہ آرزو کی جستجو کرتے ہوئے اپنے مقصد کی حصولیابی میں غرق ہو گئے۔ سات سال کی عرق ریزی اور مشقت شاقہ کے بعد جو معلوماتی ذخیرہ جمع ہوا اس کی اشاعت ایک جلد میں ممکن نہیں تھی چنانچہ انھوں نے کئی جلدوں میں تقسیم کرتے ہوئے علاحدہ علاحدہ ناموں سے موسوم کرنا زیادہ مناسب سمجھا۔

جلد اول یعنی تاریخ دودمانِ عالی میں انجینئر سمیع الدین نے برصغیر ہند و پاک و بنگلہ دیش کے مسلمانوں کے بنیادی انساب (عربی النسل، عجمی النسل اور ہندی النسل) پر غور و خوض کے بعد خانوادۂ انصاریان پر سیر حاصل گفتگو کی ہے۔ کتاب کی پہلی خاصیت یہ ہے کہ مواد کی فراہمی میں کسی روایت کو بنا تحقیق شامل نہیں کیا گیا ہے یہاں تک کہ شجرات کو "علم الانساب" کی کسوٹی پر پرکھنے کے ساتھ غیر جانبداری، دیانتداری نیز صاف گوئی سے کام لیا گیا ہے۔ تصوف کی مختلف کتابوں میں بزرگوں کے جو سنہ پیدائش یا وصال تحریر کیے گئے ہیں ان کے تضاد کو دور کرنے کی ممکنہ کوشش کی گئی ہے۔ آغاز میں ہی مسئلہ کفو یا انساب پر سیر حاصل گفتگو کی گئی ہے جو کہ قرآن و حدیث کی روشنی میں بے حد اہم معلومات فراہم کرتی ہے۔ "حسب نسب"، "کفو" اور "رعایت نسب" کے عنوانات سے وقیع مضمون قلم بند کیے گئے ہیں۔ مضمون کی رو کے مطابق کفو کئی اعتبار سے ہو سکتا ہے جیسے نسب کے اعتبار سے، دین داری کے اعتبار سے مسلمان ہونے، معاشی اور پیشے کے اعتبار سے۔ انھوں نے مہر اور اقسام مہر، عجمی، ولی، حلالہ جیسی نہ جانے کتنی

اصطلاحوں کی شرح کا تفصیلی بیان کیا ہے۔ جس سے اہل علم بھی فیض حاصل کر سکتے ہیں۔
پیش گفتار کے تحت پروفیسر محمد ولی الحق انصاری نے لکھا ہے:

"اہل عرب "علم الانساب" پر بہت زور دیتے تھے چنانچہ مختلف افراد کے پاس ان کے شجرے محفوظ رہتے تھے۔ عرب سے باہر نکلنے والے اہل عرب نے بھی اس روایت کو قائم رکھا۔ چنانچہ ہندوستان آنے والے عربوں کے خاندانوں کے پاس اب تک اپنے شجرے محفوظ ہیں۔ ایسے ہی خاندانوں میں مختلف انصاری خاندان بھی ہیں۔۔۔۔۔۔ ہندوستان میں دو گروہ "انصار" کا لقب استعمال کرتے ہیں ایک گروہ اخلافِ انصار مدینہ ہونے کے مدعی ہیں تو دوسرے وہ ہیں جن کا پیشہ کپڑا بننا ہے۔ بنکروں کے اس گروہ کی بنیاد ۱۹۳۵ء میں عبد القیوم نے ڈالی جس نے "مومن انصاری" کا نام دیا۔ لیکن اب "مومن" لفظ غائب ہو چکا ہے۔ دونوں گروہ اس طرح خلط ملط ہو گئے ہیں کہ اب ان کی شناخت مشکل ہے۔" (فلیپ بیک جلد اول)

دراصل انجینئر سمیع الدین نے تحقیق بسیار کے بعد "علم الانساب" کی روشنی میں اصل انصاریوں کا تذکرہ اس کتاب کے ذریعے پیش کیا ہے۔ کتاب میں نہ صرف "لقب انصار" پر روشنی ڈالی گئی ہے بلکہ ان علاقوں کی تاریخ پر بھی خاطر خواہ روشنی ڈال گئی ہے جن علاقوں میں اصل "انصار" قیام پذیر ہیں یا قیام پذیر رہے ہیں۔ پانی پت، بھوپال، بیر سیہ، جمنا نگر (ہریانہ)، سہارنپور، مظفر نگر، باغپت، میرٹھ، بجنور، مراد آباد، سنبھل، امروہہ، آگرہ، بدایوں، فیروز آباد، بلند شہر، سیتاپور، کانپور، لکھنؤ، بارہ بنکی، غازی پور، رائے بریلی، بہرائچ، بلیلا، مونگیر اور دکن وغیرہ کی نا صرف تاریخ و جغرافیہ سے واقفیت ہوتی ہے بلکہ بر صغیر ہند و پاک و بنگلہ دیش کے نامور بزرگان انصار کی جامع معلومات بھی حاصل ہوتی پیش کی ہیں۔ چونکہ سمیع الدین مغل شہنشاہ اکبر، جہانگیر اور شاہجہاں کے

ادوار کے ایک مشہور صوفی بزرگ اور ولی اللہ قدرۃ المشائخ حضرت شیخ حبیب اللہؒ کی اولاد سے ہیں۔ اس لیے انھوں نے حضرت شیخ پر خصوصی توجہ مرکوز کی ہے۔ سیدنا حضرت ابوایوب انصاریؓ (میزبانِ رسول ﷺ) تک ان کے سلسلۂ نسب اوران کی اولاد کے ساتھ ساتھ ان کے حالات زندگی پر بھی تفصیلی روشنی ڈالی ہے۔ خاکے تصاویر، شجرات ونقشہ جات وغیرہ نے کتاب کی قدروقیمت میں گراں بہا اضافہ کر دیا ہے۔

دوسری جلد "موضوع حبیب والا عرف حسین پور حمید" کی داستان ہے جس کو علاقے میں خطہ یونان سے تعبیر کیا جاتا ہے۔ حیرت یہ ہوتی ہے کہ ایک انجینئر نے کس طرح مختلف علوم پر طبع آزمائی کی ہے اور وافر مواد جمع کیا ہے۔ انھوں نے علاقہ کی آب وہوا سے لے کر بستی کے سماجی، ثقافتی ومعاشرتی منظرنامے، اس میں دیرینہ وموجودہ رسم ورواج، اس کی مذہبی بیداری، سیاسی بصیرت اور عسکری دبدبہ، بزرگ، آثار وقرائن، صنعت وحرفت، تہوار اور تہذیب وتمدن پر سیر حاصل تبصرے ومعلومات فراہم کرانے کے ساتھ ساتھ علاقے میں اگنے والی خودرو طبّی جڑی بوٹیوں، لگائے جانے والے اشجار اور پائے جانے والے پرندوں وکیڑے مکوڑوں سے بھی بہت خوبصورت انداز میں روشناس کرایا ہے۔ یہ سب اس کتاب کا خاصہ ہیں۔ مختلف خانوادہ ہائے موضع (سید وشیخ)، بزرگان خانوادہ کا بھی تذکرہ جامع انداز میں کیا گیا ہے۔ ان کے حواشی بھی نہایت قیمتی ہیں۔ بنولہ (کپاس کا بیج) او کھلی، بونگا، گاہن، چھیکا، سینکی وغیرہ کا ذکر آج کے دور میں اس لیے اہم ہے کہ عام قاری اب ان سے واقف نہیں رہے۔ انھوں نے خاکوں کے ذریعے بحیثیت ایک انجینئر ان اصطلاحات کو واضح کرنے کی بہترین کوشش کی ہے۔ دلچسپ تصاویر رنگین پرندوں کی تصاویر، پرانے مقامات کی تصویریں حبیب والا کی معاشرتی تشکیل کا حصہ ہیں۔ کل ملا کر انجینئر سمیع الدین نے بستی اور خانوادے کی از سرنو دریافت

کرنے کی قابل ستائش کوشش کی ہے۔ دور حاضر میں مقامی تاریخ کو جمع کرنے کا رجحان پیدا ہوا ہے۔ اس لیے عصری تناظر میں ان کی یہ کوشش اہمیت کی حامل ہے۔ پروفیسر مسعود عالم نے کتاب پر تبصرہ کرتے ہوئے اسے موضع کے گزیٹر سے تعبیر کیا ہے۔

تیسری جلد "منبع الاسرار" کے نام سے موسوم کی گئی ہے جو کہ تصوف میں ایک سنگ میل کی حیثیت رکھتی ہے۔ تحقیق و جستجو نیز عرق ریزی کے بعد انجینئر صاحب نے جو اسرار و رموز بیان کیے ہیں وہ موثر اور پڑھنے سے تعلق رکھتے ہیں۔ صوفیائے کرام اور مجاہدین کبار کے تقدس و عظمت سے نہ صرف مسلمان بلکہ غیر مسلم بھی واقف ہیں۔ "منبع الاسرار" میں اصطلاحاتِ تصوف کے عنوان سے انبیاء، رُسل، صحابی، درویش ، قلندر، عارف و مرشد، زاہد و شیخ، شریعت، طریقت، حقیقت، مجاہدہ، زہد و تقویٰ، صوفی، تصوف، بیعت و مرید، سماع و وجد وغیرہ کے تعلق سے پر مغز بحث کی گئی ہے۔ "علم لدنّی" کے باب کے تحت کشف، مراقبہ، الہام، خرقِ عادت (معجزہ، کرامت اور استدراج) وغیرہ کے تعلق سے بحث کی گئی ہے۔ باب "شطحیات" کے تحت سُکر و محو، استغراق ومشاہدہ، سلوک، سالک مجذوب وغیرہ کے متعلق بیان ہے۔ چند سطحیات اور مجاذیب کی سوانح اور سلاسل طریقت پر بھی جامع انداز میں معلومات فراہم کی گئی ہیں۔ "رجال اللہ" کے لیے بھی ایک باب مختص ہے اس میں ۴۶ رجال اللہ کی سوانح بھی مختصراً مگر محققانہ انداز میں دی گئی ہیں۔ اولیاء اللہ کی شناخت اور چند بزرگ اولیاء اللہ کی سوانح کو پیش کر کے کتاب میں تصوف کا خاطر خواہ مواد فراہم کر دیا گیا ہے۔

اہم سلاسل اور ان کی ابتدائی کڑیوں کے تحت رنگین صفحات پر شجرہ دیا گیا ہے جو نہایت معلوماتی ہونے کے ساتھ ساتھ دیدہ زیب بھی ہے۔ اہم بزرگوں کے مختلف مزارات کے دیدہ زیب تصاویر نے کتاب میں چار چاند لگا دیے ہیں۔

چوتھی جلد "تذکرۂ جہانیاں" ہے جس میں انجینئر سمیع الدین نے منفرد زاویے سے تاریخ کا مطالعہ کیا ہے اور دلچسپ نتائج بر آمد کیے ہیں۔ متعدد مورخین نے شاہان وقت کے ساتھ اولیائے عظام اور صوفیائے کرام کے تعلقات کو دیکھا اور مشاہدہ کیا ہے لیکن انجینئر سمیع الدین نے جس انداز سے ان تعلقات کو ابھارا ہے وہ اپنے آپ میں ایک مثال ہے ۔ انھوں نے سلاطین ہند کی بادشاہت اور حکومت کے پس پشت صوفیائے کرام اوراہل اللہ کے فیوض اور نظر کرم کو اپنے مشاہدے کے ذریعے دلچسپ پیرائے میں اجاگر کیا ہے ۔ اس سے بخوبی انکشاف ہو جاتا ہے کہ حکومت و سیاست در حقیقت ولایت کے تابع ہوتی ہے۔ انجینئر سمیع الدین نے خاندان غزنویہ، خاندان غور، مملوک سلاطین، خاندانِ خلجیہ، خاندانِ تغلق، سید خاندان، لودھی خاندان، عہد بربریت، خاندانِ مغلیہ ،خاندانِ سور، سلاطین گجرات، سلاطینِ دکن، سلاطینِ تلنگانہ اور سلاطینِ بیجاپور کو اپنی انوکھی تحقیق سے وابستہ کیا ہے۔ یہ کتاب ہندوستان کی تاریخ کا بڑی حد تک احاطہ کر لیتی ہے۔اولیاء اللہ اور سلاطین کے درمیان تعلقات کو اجاگر کرنے کے ساتھ ساتھ ان کی بخوبی عکاسی کی گئی ہے۔ فرداً فرداً سبھی پر مفصل انداز میں روشنی ڈالی ہے کہ کون سا سلطان یا بادشاہ یا خاندان کس درویش کی دعا سے مسند نشین ہوا، اس نے اسلام کے فروغ اور رفاہِ عام میں کتنی دلچسپی لی۔ ساتھ ہی یہ بھی کہ کس کی بد دعا سے کون تباہ و برباد ہوا۔ اہم مقابر اور تاریخی عمارتوں کی دیدہ زیب تصاویر اور بڑے سائز پر معلوماتی نقشہ کتاب کا خاصہ ہے ۔

انجینئر سمیع الدین نے "حبیب الانساب" اور "گردِ سفر" (خود نوشت) کو ضبط تحریر میں لا دیا ہے اور جلد ان کی اشاعت کی توقع ہے ۔ انھوں نے جس جاں فشانی سے ان کتابوں کو تحریر کیا ہے وہ کامیابی کی دلیل ہے۔ اس بات کا یقین ہے کہ یہ کتابیں ہند و پاک

کی تاریخ وتصوف کے طلبا، محققین اور اساتذہ کے لیے نہ صرف مشعل راہ ثابت ہوں گی بلکہ تحقیق کے نئے باب واکریں گی۔ دعا گو ہوں کہ اللہ تعالی بزرگان دین کے طفیل ان کے قلم میں مزید زور پیدا کرے نیز ان کی شفقت ہمارے سروں پر تادیر قائم رہے۔

Engr Samiuddin, A credible Researcher & Writer of Urdu World. Essay: Eng'r Furqan Sambhali

***

۱۲

# ہندوستان کی نئی غزل گو نسل:
# کیا کہتی ہے اپنے بارے میں

## تصنیف حیدر

ہندوستان کی نئی غزل زیر بحث ہے، حالانکہ زیادہ تر کے نزدیک یہ بحث چھیڑنی مناسب نہیں، مگر ادب میں اس طرح کے جھگڑے لگائے رکھنے کا مجھے شوق ہے۔ اچھی بات یہ ہے کہ اس چھوٹے سے سوال کے جواب میں میرے بلاگ کے لیے قریب تمام ہی اہم معاصر جدید ترین نسل کے غزل گو شعرا اور ناقدین نے جواب دیا ہے۔ اپنی اونچائی کا شور مچانے کے ساتھ ساتھ ہم کتنی گہرائی میں ہیں، اس کا اندازہ لگانا بھی بہت ضروری ہے۔ اس سوال کا جواب میں نے علی اکبر ناطق، عادل رضا منصوری اور زاہد امروز سے بھی طلب کیا تھا، مگر ان کی جانب سے کوئی جواب نہیں آیا، لیکن ادریس بابر، جو کہ پاکستان کی نئی غزل کا ادبی طور پر ایک بہت ہی کامیاب اور بڑا نام ہیں، ایک چھوٹے سے جواب کے ساتھ اس محفل میں حاظر ہیں، ان کے جواب میں ان کا خود پر اور ہندوستان کی نئی غزل گو پر اعتماد جھلکتا دکھائی دیتا ہے۔ ابھیشیک شکلا کچھ کسر نفسی سے کام لے رہے ہیں، مگر یہ ان کا حق ہے، سالم سلیم کی بات بھی صاف ہے کہ وہ نئی نسل کے

ابھی تک شائع شدہ مجموعوں میں کسی قسم کا انحراف نہیں دیکھ سکے ہیں، جسے وہ صحیح معنوں میں نئی غزل کی اپنی شناخت کہہ سکیں۔ امیر امام جدیدیت زدہ شاعری پر اعتراض کرتے ہوئے جدید تر نسل سے اپنی توقعات کو ظاہر کر رہے ہیں۔ معید رشیدی نے سوال کے جواب میں الٹا بزرگوں سے ہی سوال کر ڈالا ہے۔ امیر حمزہ ثاقب اور غالب ایاز دونوں نئی نسل کی زبان دانی کے حوالے سے کچھ کہہ رہے ہیں، تالیف حیدر کا جواب بھی اعتماد کی ایک کڑی ہے، مگر وہ موجودہ نسل میں صرف ادب لکھ پڑھ لینے کو ہی بجائے خود ایک بڑا کارنامہ سمجھتے ہیں۔ اور زمرد مغل، جن کی تنقیدی رائے اس نسل کے لیے ایک بڑا سوال ہے کہ وہ ابھی تک اس میں کوئی بہت اہم تخلیقی صلاحیت دریافت کرنے سے قاصر ہیں، چنانچہ یہ جوابات دلچسپ ہیں، کوئی اگر اسے اپنے رسالے یا اخبار میں شائع کرنا چاہے تو بلاگ کے حوالے کے ساتھ شائع کر سکتا ہے۔ اس طرح کے سلسلے ذہنوں میں جھانکنے کے بھی کام آتے ہیں، اور ذہنوں کو مانجھنے کے بھی۔ دیکھیے کیا اس پر بھی کوئی بات ہوتی ہے۔

تصنیف حیدر

سوال :

کیا آپ کو لگتا ہے کہ ہندوستان کی جدید ترین غزل گو نسل انفرادی یا اجتماعی طور پر اپنی گزشتہ نسل سے الگ اور بہتر شاعری کر رہی ہے؟ کیوں اور کیسے؟

ابھیشیک شکلا

نئی نسل، جس کے زیادہ تر شعرا کی کتابیں بھی ابھی نہیں آئی ہیں (ان کے بارے میں) یہ سوال کرنا کہ وہ اپنی کوئی الگ راہ نکال پائے ہیں یا انہی پامال رستوں کے سفر پر ہیں، جن سے ہو کر ان کی پچھلی اور بے حد شاندار پیڑھی گزری ہے، میں سمجھتا ہوں کہ

مناسب نہیں فی الحال۔ حالانکہ کتاب آنا بھی کوئی شرط نہیں۔ مگر یہ نسل ابھی تجربے کر رہی ہے، استفادہ کر رہی ہے۔ میں اپنے بارے میں بالکل صاف ہوں کہ میں نے ابھی تک کوئی ایسی بات نہیں کہی کسی شعر میں کہ جسے بہت نئی یا انوکھی بات کہا جا سکے۔ بلکہ میں یہ تک کہوں گا کہ میرے لیے جدیدیت کا دور ابھی ختم پر بھی نہیں۔ زبان کا وہی رچاؤ، وہی ڈکشن، تقریباً وہی کنٹنٹ گھوم پھر کر دیکھنے کو ملتا ہے۔ مگر مجھے اس بات کا بھی پورا یقین ہے کہ ایکسپلور کرنے کے اس پروسز ہی سے نئی راہ نکلے گی کہ اس کے علاوہ کوئی طریقہ ہی نہیں۔

ادریس بابر

جی ہاں، کیونکہ مجھے ایسا لگتا ہے۔

امیر امام

سوال خاصا پیچیدہ بھی ہے اور مزیدار بھی ۔۔۔ کیونکہ اگر کوئی صرف فیصلہ کن بیانات دینے کا عادی ہے تو الگ بات، ورنہ کون سی شاعری بہتر ہے اور کون سی کم بہتر اس کے بارے میں میرے نزدیک رائے صرف ایک آدمی کی ذاتی رائے ہوتی ہے اور ستم ظریفی یہ کہ وہ آدمی اپنی ذاتی رائے کو دنیائے ادب کی رائے تصور کر لیتا ہے۔ یہی معاملہ انفرادیت کا بھی ہے ۔۔۔ اگر کوئی آدمی بھرے بازار میں برہنہ نکل آئے تو ایک طرح سے منفرد تو وہ بھی ہوا لیکن کیا وہ مثبت انفرادیت ہوگی ۔۔۔ پیش نظر سوال پر آگے بڑھنے سے پہلے اس نکتے کو سمجھ لینا نہایت ضروری ہے۔ میرے نزدیک انفرادیت وہ ہے جو اپنی گزشتہ غیر ضروری روایات کو ترک کرتے ہوئے اور ضروری روایات کو اپناتے ہوئے اپنی انفرادیت کے ساتھ ظاہر ہو، یہی بات شاعری پر بھی لاگو ہوتی ہے۔ تو نہ تو اس نسل سے پہلے کے تمام شعرا اپنی پچھلی نسل سے بہتر اور منفرد تھے اور نہ ہی جدید ترین

نسل کے سارے شعرا اس پیمانے پر کھرے اترتے ہیں۔ اس نسل میں بھی کچھ ہی کی شاعری میں وہ دم تھا کہ جس کو پڑھ کر یہ لگے کہ بڑی شاعری، گزشتہ تمام بڑی شاعری کا ایک گلدستہ ہوتی ہے، اور یہ جب کسی ایک شاعر کے کلام میں ظاہر ہوتی ہے تو اس کی انفرادیت کا سبب ٹھہرتی ہے ورنہ اس سے پچھلی نسل میں بھینسا بھینس تک گھسا دیے گئے لیکن ان کی شاعری کو ادھڑی ہوئی زمین کے سوا کچھ حاصل نہ ہوا۔ بھینسا بھینس کی دھما چوکڑی سے اس سے زیادہ کچھ امید کرنی بھی نہیں چاہیے۔ اس نسل کی شاعری میں بھی آخر وہی شاعری، شاعری نکلی یا ابھی نکلنی ہے کہ جسے پڑھتے ہوئے گزشتہ بڑی شاعری کے تمام رنگ آپس میں مل کر ایک نیا رنگ بن گئے۔ مثال کے طور پر عرفان صدیقی، منیر نیازی، جون ایلیا اور شہریار وغیرہ کا نام لیا جا سکتا ہے۔ یہی بات اردو کی جدید تر نسل پر بھی لاگو ہوتی ہے۔ کسی ایک کا نام لینا کسی دوسرے کے ساتھ ناانصافی ہو گی۔۔۔ تو کسی کا نام نہ لیتے ہوئے عرض کروں کہ یہ لوگ اسی کارواں کو آگے لے جا رہے ہیں، جس کی راہیں گزشتہ بڑے ادیبوں نے ہموار کی ہیں اور بڑا ادب کبھی حرف آخر نہیں ہوتا بلکہ آنے والوں کے لیے نئی راہیں مسخر کرتا ہے۔ شکریہ

امیر حمزہ ثاقب

جدید تر نسل کے تخلیقی رویے کی بابت ذاتی طور پر مجھے یہ لگتا ہے کہ یہ اپنا امتیاز کسی مخصوص نظریاتی اساس پر قایم نہیں کرتی جیسا کہ اس کے پیش رووں نے کیا۔ اس نسل نے اپنا ایک نیا شعری محاورہ دریافت کر لیا ہے۔ روایت سے اکتساب اور قدیم تہذیبی ورثے اور قدروں کو معاصر صورتِ حال کا تناظر فراہم کرنے میں یہ نسل ایک نیا لسانی پیٹرن وضع کرنے میں کامیاب ہے۔ نئی تراکیب سازی میں اس کے وجود اور وجود کے جوہر کو محسوس کیا جا سکتا ہے۔ الفاظ کے انتخاب میں یہ نسل محتاط بھی ہے اور آزاد بھی

۔محتاط یوں کہ اسے زبان کی نزاکتوں کا علم ہے اور آزادیوں کہ ' درونِ ذات ' کی پیچیدگیوں کے بیان میں جو عارفانہ اور قلندرانہ آہنگ اس نے حاصل کیا ہے وہ زبان کی حدبندیوں سے آگے نکلنے سے عبارت ہے۔اس نسل کی تخلیقی توانائی سے صرفِ نظر نہیں کیا جاسکتا اور ایسی کوئی بھی کوشش مبنی بر تعصب تو ہو سکتی ہے مبنی بر انصاف نہیں ۔انصاف کے ٹھیکیداروں کو اب اس نسل کے تئیں سنجیدہ ہو جانا چاہیے۔

تالیف حیدر

جو نسل لفظ تشکیل دینا اور معنوی ادراک کی ترسیل کرنا جانتی ہے وہ اپنے اگلوں سے تحسین کی خواہش مند نہیں ہوتی۔ کیوں کہ اسے علم ہوتا ہے کہ سنجیدگی سے پڑھنے والوں میں کسی طرح کا نسلی تعصب نہیں پایا جاتا۔نئے تقاضے جن معاملات کا اظہار چاہتے ہیں ظاہر ہے کہ اس کا تفہم نئی نسل کو ہی ہوگا، اگر کسی ایسے شخص کو جو گذشتہ پچاس سال سے پڑھتا اور لکھتا چلا آرہا ہو اور وہ ایسے اظہار کے ہنر سے واقف ہے جس سے نئے پڑھنے والوں کا ذہن متاثر ہوتا ہے تو وہ بھی اسی نسل سے تعلق رکھتا ہے، لیکن میری ذاتی رائے (جو گذشتہ نسلوں کی علمی و ادبی کارگزاریوں کے مشاہدات پر مشتمل ہے) کے مطابق یہ مشکل کام ہے۔اس لئے یہ سوال کرنا کہ نئی نسل اپنی شاعری سے کون سا کارنامہ انجام دے رہی ہے یہ کوئی بہت زیادہ اہمیت کا حامل نہیں۔ نئی نسل شعر کہہ رہی ہے، افسانہ لکھ رہی ہے اور تخلیقی اظہار کا فن جانتی ہے۔اس لئے یہ نئے ادب کو ترتیب دے سکتی ہے۔تو اگر ہم سے اگلوں کو یہ نہیں لگتا کہ نیا ادب ترتیب دینا اور جدید تقاضوں کو سمجھ کر ان کا متاثر کن اظہار کرنا کوئی کارنامہ ہے تو یہ سوال خود اگلی تمام نسلوں پر بھی اٹھایا جاسکتا ہے کہ آخر انہوں نے اپنی زندگی میں کون سا کارنامہ انجام دیا۔

زمرد مغل

جب بھی ہم نسلی تناظر میں تخلیقات کا مطالعہ کرتے ہیں تو ہم اوسط درجے کی شاعری کی بات کر رہے ہوتے ہیں اور اوسط درجے کی شاعری انفرادیت قائم نہیں کرتی۔ہاں گزشتہ نسل میں بھی چند غزل گو ایسے ہیں، جن میں شارق کیفی، شہرام سرمدی، مغل فاروق پرواز جنہوں نے اچھوتے موضوعات کے ساتھ اپنے انفرادی لب و لہجے کو قائم رکھا ہے۔ہندوستان کی جدید ترین نسل پر آپ کا اس قدر اصرار مجھے پھر سوچنے پر مجبور کرتا ہے کہ میں اس کا مطالعہ پھر سے کروں۔ مگر جہاں تک میں نے نئ، جسے آپ جدید ترین نسل کہتے ہیں، کی شاعری کو پڑھا ہے۔کم سے کم ہندوستان میں تو ابھی تک مجھے کوئی ایسا شاعر نہیں ملا جسے میں مستقبل کا احمد مشتاق، ساقی فاروقی، ظفر اقبال ،عرفان صدیقی، زیب غوری، شہریار، محمد علوی، منیر نیازی سمجھوں۔اور جدید ترین نسل پر اس قدر زور کیوں۔ مجھے یہ بحث اپنے آپ میں ایک طرح کی زد اور رد عمل کی نفسیات کے تحت اٹھائی گئی بحث معلوم ہوتی ہے ۔اختر الایمان نے کہا تھا کہ نسلیں گدھے اور گھوڑوں کی ہوتی ہیں۔

سالم سلیم

گزشتہ نسل کا مفہوم بہت واضح نہیں ہے کہ ماضی قریب یا ماضی بعید کی بات ہو رہی ہے۔میری ذاتی رائے میں تازہ ترین نسل میں تمام تخلیقی امکانات پوشیدہ ہیں مگر اس جوہر کا اظہار ابھی خاطر خواہ نہیں ہو سکا ہے۔کچھ مجموعے سامنے آئے ہیں مگر یہی کتابیں نئ نسل کی بھرپور نمائندگی تو نہیں کرتیں۔ان مجموعوں میں اپنے اصل تجربے اور باطن کے کرب کا مکمل اظہار موجود ہے مگر اتفاق سے یہ شاعری مکمل انحراف کے خانے میں نہیں آتی۔یہ انحراف معنوی اور لفظی دونوں سطحوں پر ناگزیر ہے۔البتہ تصنیف حیدر نے کچھ غزلیں ضرور کہی ہیں جن میں انحراف کی آگ بلند ہے۔مگر ان کی بھی ان غزلوں کو شائع

ہونا باقی ہے جبھی ایک مجموعی تاثر بن سکتا ہے۔

غالب ایاز

میں سمجھتا ہوں کہ نئی نسل کی شاعری میں ایک خوشگوار متانت ہے اور یہ افراط و تفریط سے پاک ہے۔ نئی نسل کے شاعروں پر نہ تو کسی منشور کی پابندی ہے اور نہ وہ مختلف نظر آنے کے مرض میں مبتلا ہیں۔ ان کے سامنے امکانات کی ایک نئی دنیا آباد ہے۔ نئی نسل فکر و خیال کے نئے علاقے فتح کرتے ہوئے آگے بڑھ رہی ہے اور اس رستے میں نہ وہ زبان سے کھلواڑ کر رہی ہے اور نہ غیر مضامین شعر سے شاعری کو بوجھل کر رہی ہے۔ نئی نسل نے ایسی زبان کو فروغ دیا ہے جس میں جدت تو ہے مگر اجنبیت نہیں۔

معید رشیدی

نئی نسل کی شاعری پر کوئی حتمی فیصلہ کرنا قبل از وقت ہے۔ نئی نسل کی شاعری پر اعتراض کرنے والے یہ بتائیں کہ وہ نئے پن سے کیا مراد لیتے ہیں۔ نیا پن کیا ہے؟ ساتھ ہی یہ بھی بتائیں کہ اس میں پرانا پن کتنا ہے۔ ہر عہد کی شاعری کچھ نئی کچھ پرانی ہوتی ہے۔ اگر زندگی پرانی نہیں ہوئی ہے تو ہماری شاعری بھی پرانی نہیں ہوئی ہے۔

The new generation of Urdu Ghazal in India. Essay: Tasneef Haidar

* * *

۱۳

# خواجہ احمد عباس اردو کا ہمہ جہت قلمکار

## ندیم صدیقی

خواجہ احمد عباس، بظاہر یہ تین لفظ ہیں مگر ان تین لفظوں میں ایک ایسا شخص چھپا ہوا ہے۔ جو ۷۳ سالہ اپنی عمر میں تین کرداروں کو بخوبی ادا کرتا رہا۔ ایک کردار اُس کی فکشن نگاری تھا تو دوسرا اِسٹیج و فلم اور تیسرا کردار صحافتی رنگ کا حامل تھا۔ ہو سکتا ہے ہماری ترتیب کچھ صحیح نہ ہو مگر یہ سچ ہے کہ ان کرداروں میں کوئی بھی کردار ایسا نہیں ہے جسے فراموش کر کے خواجہ صاحب کا تشخص بن سکے۔

ہمیں خواجہ صاحب کے اخباری کردار پر کچھ عرض کرنا ہے۔ یہاں یہ بتانا غیر ضروری نہیں ہے کہ اخبار یا صحافت سے ہمارا جو تعلق ہے یا اس شعبے سے ہماری جو وابستگی ہے اس کے محرک خواجہ صاحب جیسے لوگ ہی ہیں۔

خواجہ صاحب صحافی کیسے بنے؟

یہ سوال ہمارے ذہن میں بھی اُٹھا۔ جس کا جواب یہ ہے کہ مضمونچہ لکھنے کے لئے ہم نے جو کچھ آموختہ کیا اُس میں حیات اللہ انصاری کا مضمون "عباس صاحب" بھی شامل ہے۔ جس میں خواجہ صاحب کے صحافتی آغاز کا احوال ملتا ہے۔ علیگڑھ مسلم یونیورسٹی کے زمانہ ٔ طالب علمی اور اپنے دوستوں کا تذکرہ کرتے ہوئے حیات اللہ

انصاری مرحوم لکھتے ہیں:

" اچانک مقرر عباس، صحافی بن گئے، ان کو جانے کیوں خبر ملی کہ فلاں ٹرین سے فلاں فلاں کانگریسی لیڈر کسی شہر کے جیل سے کسی دوسرے شہر کے جیل میں منتقل کئے جا رہے ہیں۔ عباس اپنے چند دوستوں کو لے کر راستے کے ایک ریلوے اسٹیشن پر پہنچ گئے اور جیسے ہی ٹرین وہاں سے چلنے لگی، یہ لوگ دوڑ کر اس ڈبّے میں گھُس گئے، جس میں لیڈر تھے، پہرے پر جو پولس والے تھے وہ نہ تو ان طلبا کو دھکّے دے کر چلتی ٹرین سے نکال سکے اور نہ مذکورہ لیڈروں کو اُن سے گفتگو کرنے سے روک سکے۔

عباس صاحب نے لیڈروں سے طرح طرح کے سوال کر کے ایک انٹروِیو تیار کر لیا۔ عباس کا یہ کارنامہ ایسا تھا جس کا ہر ہَر جُز طلبا کے لئے حیرت انگیز تھا۔ اُس زمانے میں سیاسی قیدیوں کی نقل و حرکت راز میں رہتی تھی۔

عباس کو اس کا علم ہو جانا اور پھر ریل کے ڈبّے میں پہنچ کر لیڈروں سے معقول سوال و جواب کر لینا

یہ بڑی بات تھی۔ اس زمانے میں طلبا کی سیاسی معلومات ایسی نہ ہوتی تھیں کہ اگر اُن کا گروہ اتفاق سے ٹرین کے اس ڈبّے میں پہنچ بھی جاتا تو سَو میں سے شاید دو ایک ایسے نکلتے جو چند معقول سوال کر سکتے ہوں۔

عباس کے اس کارنامے کا یونیورسٹی بھر میں بڑا چرچا ہوا اور جب اُن کا انٹروِیو ایک اخبار میں چھپ بھی گیا تو عباس صرف طلبا ہی کی نظروں میں نہیں، ٹیچروں کی نگاہ میں بھی بلند ہو گئے۔"

یہ بات نوٹ کرنے کی ہے کہ خواجہ صاحب اپنی پہلی ہی صحافتی تحریر سے ایک بلند مقام پر پہنچ گئے تھے۔ خواجہ صاحب کے مداحوں کے لئے یہ امر یقیناً قابلِ فخر ہے۔

خواجہ صاحب کے بعض بزرگوں کی خواہش تھی کہ وہ اِنڈین سِوِل سروس کے امتحان میں بیٹھیں اور اُن کے والد کی تمنا تھی کہ وہ ایک وکیل بنیں۔

طالب علمی ہی کے زمانے میں ایک بار کسی نے خواجہ صاحب سے سوال کر لیا کہ آپ کیا بننا چاہتے ہیں؟ جواباً پہلے تو انھوں نے یہ کہا کہ "جو تقدیر بنا دے۔"

مگر اس کے فوراً بعد ہی اُنہوں نے یہ بھی کہا تھا:

"جرنلسٹ بننے کو جی چاہتا ہے۔"

یہ بھی سوال کیا گیا کہ

"پھر قانون کیوں پڑھ رہے ہو؟"

خواجہ صاحب نے اس آخری سوال کا جو جواب دِیا وہ اُن کے دل کی آواز تھا کہ وہ جاگتی آنکھوں سے سے جرنلزم کا خواب دیکھ رہے تھے۔ خواجہ صاحب نے نہایت معقول جواب دِیا تھا کہ

" یہ علم (قانون) جرنلسٹ کے لئے بہت ضروری ہے۔"

اس جواب سے خواجہ صاحب کی ذہانت مترشح ہوتی ہے کہ وہ اس وقت محض طالب علم ہی تھے۔ واضح رہے کہ اُس زمانے میں 'صحافت' باقاعدہ نصاب میں شامل نہیں ہوئی تھی۔ البتہ اُس وقت کے بعض اخبارات کے دفاتر تربیت گاہ اور بعض صحافی مدرس کا فریضہ ادا کر رہے تھے۔

دہلی کا ایک اخبار' نیشنل کال" خواجہ صاحب کی صحافت کی اوّلین درس گاہ اور تربیت کا ذریعہ بنا، وہ اس اخبار کے لئے دہلی کے مختلف پولس تھانوں سے کرائم نیوز حاصل کر کے رِپورٹ بنا دیتے تھے۔ ابھی خواجہ صاحب کے جس انٹرویو کا ذِکر کیا گیا ہے وہ اسی تربیت کا اوّلین نتیجہ تھا کہ جس پر یونیورسٹی کے اساتذہ بھی آنکھیں پھیلا چکے تھے۔

خواجہ صاحب کے اکثر کالمز ہم نے پڑھے ہیں مگر ان میں سے بعض کالمز کے جو نقوش ہمارے ذہن میں ہیں اُن میں نیشنل اِزم اور سوشلزم کا رنگ واضح اور گہرا محسوس ہوتا ہے۔ جس کی حقیقت یہ تھی کہ وہ ابتدا ہی سے قوم پرستی اور سماجیات کا شعور رکھتے تھے، جس کا بنیادی سبب اُن کی فطری دردمندی اور اُن کا ہمہ جہت مطالعہ تھا۔ حیات اللہ انصاری ہی نے اپنے مذکورہ مضمون میں طلبا کے ایک واقعے کی روداد بیان کرتے ہوئے لکھا ہے:

"اس واقعے پر عباس کی معلومات جس طرح ہم لوگوں کے سامنے آئیں اس کا بڑا رُعب پڑا۔ عباس بتاتے رہے کہ گاندھی جی نے فلاں موقع پر کیا کہا؟

اور یہ کہ انقلابِ روس میں فلاں وقت کیا ہوا تھا اور لینن نے اس موقع پر کیا کہا تھا۔ ان باتوں سے ہم لوگ سمجھے کہ عباس پیدائشی جرنلسٹ ہے۔"

جرنلسٹ کی تعریف کے حوالے سے ایک بات یاد آتی ہے، جس کے راوی اُستاذی محترم ڈاکٹر ظ انصاری تھے۔

انہوں نے بتایا کہ میں کام کی تلاش میں تھا، کسی طور دِیوان سنگھ مفتوں کے اخبار 'رِیاست' کے دفتر پہنچ گیا اور مفتوں صاحب سے اخبار میں کام مانگا۔ تو مفتوں صاحب نے فرمایا: کچھ لکھ کر لائیے تو دیکھیں۔

ظ صاحب نے کہا: سرکار! میں یہیں کچھ لکھ دوں!!

مفتوں صاحب نے کچھ فاصلے پر میز اور کرسی کی طرف اشارہ کیا اور کہا کہ وہیں کاغذ قلم بھی موجود ہے، جائیے لکھئے۔

کچھ دیر میں ظ صاحب نے دو ڈھائی صفحات لکھ کر، جنابِ مفتوں کے سامنے پیش کر دِیے۔ مفتوں صاحب نے وہ صفحات پڑھے اور جواب دِیا:

"میاں صاحب زادے! آپ اچھے شاعر بن سکتے ہیں، بہت اچھے ادیب بن سکتے ہیں مگر صحافی نہیں بن سکتے۔"

ظ صاحب نے مفتوں صاحب سے عرض کیا:

"حضور! میں چلا جاؤں گا مگر جاتے جاتے یہ کرم فرمائیں کہ صحافی بننے کے لئے، کن اوصاف کا ہونا ضروری ہے۔؟"

مفتوں صاحب نے ترنت جواب دِیا:

"میاں! آپ جس راستے سے یہاں آئے ہیں اُسی راستے سے کچھ چڑیاں بھی اُڑتی ہوئی گئی ہیں، صحافی کو یہ پتہ ہونا چاہیے کہ وہ چڑیاں کہاں سے آ رہی تھیں اور کہاں جا رہی ہیں۔"

دِیوان سنگھ مفتوں کے بتائے ہوئے اس صحافتی گُر کی روشنی میں جب ہم خواجہ صاحب کے اوّلین انٹرویو پر سوچتے ہیں تو اِس نتیجے پر پہنچتے ہیں کہ ان کے ہاں تو پہلے ہی سے یہ شعور ایک تجسس کے طور پر موجود تھا جو اُن کی صحافتی زندگی میں ایک مینارہ نور بنا رہا۔

یہ ایک مسلّمہ حقیقت ہے کہ خواجہ صاحب اپنی صحافت کے ابتدائی دنوں ہی میں ایک اچھے صحافی کے طور پر معروف ہو گئے تھے۔

علی گڑھ مسلم یونیورسٹی کا ایک واقعہ ہے کہ جامعہِ مذکورہی کے اِبنائے قدیم کی ایک انجمن نے طلبا سے خطاب کے لئے پنڈت جواہر لعل نہرو کو مدعو کیا اس خطاب کا نہ تو عام اعلان کیا گیا اور نہ ہی کسی اخباری نمائندے کو شرکت کی اجازت دِی گئی۔ اُس زمانے کے وائس چانسلر آف مسلم یونی ورسٹی سر راس مسعود کے ذہن میں بھی یہ بات نہیں تھی کہ ان کے طلبا میں خواجہ احمد عباس کی شکل میں ایک صحافی موجود ہے۔ اب ہوا یوں کہ خواجہ صاحب، نہرو کے خطاب کے سامع تھے اور انہوں نے اُس خطاب کی رپورٹ تیار کر کے دہلی کے ایک اخبار اور عبد اللہ بریلوی کے 'بامبے کرانیکل' میں بھیج دِی جو مذکوہ

اخباروں میں شائع بھی ہوئی چونکہ اُس جلسے کی کوئی دوسری رپورٹ تھی ہی نہیں، لہٰذا پوری یونی ورسٹی میں خواجہ صاحب ایک بار پھر نمایاں ہی نہیں ہوئے بلکہ مستند صحافی تسلیم کر لئے گئے۔

خواجہ صاحب کی باقاعدہ یا پیشہ ورانہ صحافتی زندگی کا آغاز ۱۹۳۶ء میں 'بامبے کرانیکل' ہی سے ہوا اور آزادی کے بعد وہ آر کے کرنجیا کے مشہورِ زمانہ ہفت روزہ بلٹز میں 'آزاد قلم' کے ساتھ نمودار ہوئے اور ان کے قلم کا یہ جلوہ تاحیات جاری رہا۔

جیسا کہ سب جانتے ہیں کہ خواجہ صاحب قوم پرست اور سماجی احساسات کے حامل شخص تھے اور ان میں سے آخری الذکر صفت انھیں وراثت میں ملی تھی۔ خواجہ صاحب اپنی خود نوشت میں بیان کرتے ہیں:

"ماں باپ اپنی اولاد کے لئے نقدی، مکان، جائداد اور زمین ورثے میں چھوڑ جاتے ہیں۔ ہمارے ابّا نے ان میں سے کچھ بھی نہیں چھوڑا۔ اِنتقال سے چند روز قبل انہوں نے مجھے ایک فہرست دی، اُن رشتے داروں، دوستوں اور جاننے والوں کی جنہیں اُنہوں نے مختلف اوقات میں رقمیں بطور قرض دی ہوئی تھیں۔ میں نے پوچھا: کوئی ہنڈی، کوئی پرچہ یا کوئی رسید وغیرہ بھی ہے۔؟

جواب میں ابّا نے سَر ہلا کر 'نہیں' کہہ دیا، پھر مجھے ہدایت بھی کی کہ ان میں سے کسی سے بھی اس قرض کی ادائیگی کا تقاضا نہ کرنا۔ خواجہ صاحب مزید لکھتے ہیں کہ:

" مدت ہوئی میں نے وہ فہرست پھاڑ دِی، دراصل ابّا ہمارے لئے جو جائداد چھوڑ گئے تھے وہ دوسری ہی قسم کی تھی۔"

والد کی وراثت کو جس طرح انہوں نے محسوس کیا اور اپنی روح میں اُتارا وہ ان کی انسان دوستی اور سماجی نابرابری کو ہموار کرنے کے جذبے اور سعی میں تبدیل ہوگئی۔

خواجہ صاحب نے اپنے قلم سے چاہے افسانہ لکھا ہو یا فلمی کہانی یا پھر کوئی اخباری کالم ان سب میں انسان دوستی اور سماجی خلیج کو واضح کرنے اور اس کو پاٹنے کی ایک سعیِ پیہم صاف طور پر محسوس ہوتی ہے۔

بلٹز کے مشہور زمانہ کالم 'آزاد قلم' میں اُس وقت کے عوام کی غربت و عسرت اور پریشاں حالی پر انہوں نے لکھا ہے کہ:

" جس ملک میں آدھی آبادی اس قدر غریب ہو کہ دِیوالی کی رات اپنے اندھیرے جھونپڑوں میں چار چراغ بھی نہ جلا سکے، وہاں دیوالی نہیں دِیوالہ منانا چاہئے۔"

خواجہ صاحب ابتدا ہی میں نہ صرف ملک کے حالات سے باخبر تھے بلکہ اُنہوں نے امریکہ کا ایک سفر بھی کر لیا تھا۔ وہ اگر اپنے کالم میں بازار سے شکر کے غائب ہونے اور اُس کی کالا بازاری کی اطلاع دیتے ہیں تو وہیں دوسری طرف بہار میں لاکھوں ٹن شکر گوداموں میں سڑ رہی ہے۔ اس خبر کو بھی عوام میں عام کر دیتے ہیں۔

۱۹۷۹ء میں حرم مکّی میں بعض جنونیوں نے بندوق کے زور پر ایک عشرے تک کعبے میں زائرین کو یرغمال بنائے رکھا تو کمیونسٹوں کے کہے جانے والے اخبار 'بلٹز' میں خواجہ صاحب نے اُن جنونیوں کی نہ صرف قلعی کھولی بلکہ اُن کی مذمت بھی کی۔ اسی طرح اُنہوں نے ۱۹۸۰ء میں افغانستان میں امریکی مداخلت کو بھی اپنے قلم کی روشنائی سے چچا سام کا سیاہ قدم قرار دِیا تھا۔

خواجہ صاحب اگر اُتر پردیش اور بہار وغیرہ میں ہریجنوں کی بدحالی پر اپنا 'آزاد قلم' اُٹھاتے ہیں تو وہیں امریکہ میں سیاہ فام انسانوں کے خلاف متعصبانہ رویوں کو بھی وہ اظہر من الشمس کرتے ہیں۔

بمبئی میں ایک قاتل دارو والا کو جب عدالت نے سزائے موت دی تو اُس قاتل

نے اپنے جرم کے کفارے کے لئے بعد از موت اپنے جسمانی اعضا ڈونیٹ کرنے کی وصیت کی تو اس ہفتے کے 'آزاد قلم' کالم میں خواجہ صاحب نے اُس قاتل کی اُس خواہش کو اپنا موضوع بناتے ہوئے لکھا تھا:

"(قاتل) دارو والا نے اپنے اعضا کو عطیہ کر کے اپنے اندر کے انسان کو زندہ کر لیا ہے اور اس شیطان کو مار ڈالا جس کا وہ پیرو تھا۔"

خواجہ صاحب اس کالم میں اپنے پڑھنے والوں کو کچھ اور سوچنے پر بھی مجبور کرتے نظر آتے ہیں:

"ہمارے سماج کا، سوسائٹی کے اُن تمام انسانوں کا کیا فرض ہے، جن کی شخصیت میں انسان اور شیطان دونوں موجود ہیں۔؟"

خواجہ صاحب کی صحافت یا ان کی کالم نگاری عامیانہ نہیں تھی اور اِشتعال انگیزی سے دور کا بھی کوئی واسطہ نہیں رکھتی تھی۔ ان کے بعض نظریات و تصورات سے کسی کو اختلاف ہو سکتا ہے مگر اُنکی قوم پرستی اور انسان دوستی پر شک کرنا کفر سے کم نہیں۔

ہمارے ہاں بہت لکھنا اور جلد لکھنا مستحسن نہیں ہے مگر جس طرح بعض معاملات میں استثنٰی ہوتا ہے بالکل اسی طرح خواجہ صاحب کا قلم بھی اس سے مستثنٰی تھا۔ خواجہ صاحب یقینا بہت لکھتے تھے مگر ہمیں یہ بھی یاد رکھنا چاہئے کہ بہت لکھنے والا بہت سوچتا بھی ہو گا اور ہمہ وقت اور ہمہ جہت فکر رکھنے والا جسکے پاس کوئی Vision بھی ہو اُس پر زودنویسی اور بِسیار نویسی کی پھبتی نہیں کسی جا سکتی۔

کم از کم اُردو صحافت میں تو یہ اعزاز اور وہ بھی ایک خاص دَور میں کسی دوسرے جرنلسٹ کو حاصل نہیں ہوا کہ قاری نے Blitz خریدا اور صفحہ اوّل پر ایک نظر ڈالی اور فوراً اخبار پلٹ کر وہ یہ دیکھنے کی کوشش کرتا تھا کہ آج خواجہ صاحب کے 'آزاد قلم' نے کیا

لکھا ہے۔؟

خواجہ صاحب کو اپنے دور کے صحافیوں میں ایک امتیاز یہ بھی حاصل تھا کہ اُن کا کالم ایڈیٹر کی کسی کتر بیونت کے بغیر چھپتا تھا خود خواجہ صاحب نے اس امر کی طرف اِشارہ کیا تھا کہ : " Blitz کے مدیر سے میرا یہ معاہدہ ہے کہ وہ کسی بھی ایڈیٹنگ کے بغیر میرا کالم شائع کریں گے۔"

خواجہ صاحب کے تعلق سے بعض حضرات کا کہنا ہے کہ وہ فکشن نگار بھی، صحافی بھی اور فلم ساز بھی ہیں۔ وہ مختلف خانوں میں بنٹے ہوئے ہیں اسی لئے کسی شعبے میں وہ نمایاں نہیں ہو پاتے۔ یہ بات کتنی صحیح ہے یا صریحاً غلط، اس سے قطع نظر ہم انہی کی ایک تحریر کا ایک اقتباس یہاں پیش کرنا چاہیں گے جس میں مذکورہ سوال کا جواب بھی واضح ہے۔

"میری نسل نے جس ادبی، ثقافتی، سیاسی اور سماجی انقلاب کی بنیاد رکھی تھی، وہ ابھی تک مکمل نہیں ہوا، میں نے خود کو علاحدہ علاحدہ شعبوں میں تقسیم کر لیا ہے۔

کیونکہ جب انقلاب آتا ہے تو وہ زندگی، سیاست، ادب، صحافت، کلچر، زبان، ثقافت اور معاشرت کو اپنے دامن میں سمیٹ لیتا ہے۔"

ہم نے اوپر خواجہ صاحب کی دردمندی اور انسان دوستی کا تذکرہ کیا ہے۔ ان کے اس وصف کی دلیل میں اُنہی کا ایک مشاہدہ یہاں تذکرہ چاہتا ہے۔ اُنہوں نے ایک دے ہی سفر یا گاؤں کے ایک درد بھرے منظر کو اپنے لفظوں سے تصویر کر دِیا ہے:

"اُس گاؤں کی غربت کا منظر آج تک میرے دل و دماغ پر نقش ہے۔ ٹوٹے پھوٹے کچے مکان، لوگوں کے پھٹے پرانے، میلے کچیلے کپڑے جھونپڑوں کے بیچ سے بہتا ہوا گندا نالہ جس پر کروڑوں مچھّر بھنبھنا رہے تھے، دُبلے پتلے سُوکھے جسم کے ننگے بچّے جو ہمارے سامنے ہاتھ پھیلا رہے تھے اور ہر چہرے پر نہ صرف افلاس بلکہ اس سے زیادہ بھیانک اور

عمیق مایوسی کی چھاپ جیسے انھیں یقین ہو کہ ان کی حالت کبھی بہتر نہیں ہو سکتی۔"

خواجہ صاحب کو رُخصت ہوئے تین دہے پورے ہونے والے ہیں مگر ہندوستانی گاؤں کی بد حالی ہی نہیں بڑے شہروں کے سلم میں رہنے والوں کی غربت اور اس کے نتیجے میں جس طرح کے جرائم پیدا ہوئے ہیں، اس سے ایک اور شدید مایوسی کے متحرک مناظر ہمارے سامنے ہیں۔ بسا اوقات ایک احساس ہوتا ہے کہ یہ سب کچھ جیسے پھر کسی 'خواجہ' کے قلم کی توجہ کے طالب ہیں مگر ہائے افسوس اب خواجہ صاحب تو نہیں البتہ ہماری صحافت ہی میں کیا چہار طرف اکثر قرّم مزاج لوگ پھیلے ہوئے ہیں۔ ایسے ماحول میں خواجہ صاحب اور ان کی صحافت، ان کا 'آزاد قلم' بہت یاد آتا ہے۔ پروفیسر صادق کا یہ کہنا بجا ہے کہ اس دَور کو تو کوئی خواجہ احمد عباس کی ضرورت ہے۔

ہمیں تو خواجہ صاحب اُس وقت بھی یاد آئے تھے جب گودھرا میں ٹرین کی بوگی جلائی گئی تھی اور پھر اُسے جس طرح گجرات بھر میں آتش فشاں کی شکل دیدی گئی اگر خواجہ صاحب زندہ ہوتے تو یقیناً ان کے کالم کی سرخی کچھ یوں ہوتی:

"گودھرا کے شعلے اور گجرات میں تانڈو"

یقیناً وہ احمد آباد کی گلبرگ سوسائٹی میں زندہ نذرِ آتش کر دِیے جانے والے احسان جعفری کا حق بھی ادا کرتے۔

خواجہ صاحب نے اس خاک دانِ عالم میں کوئی ۷۳ برس گزارے، فلمی دُنیا میں بھی اُن کی عمر کا بڑا حصہ گزرا، جہاں کے بارے میں مشہور ہے کہ وہاں سے کوئی صاف ستھری حالت میں نکل گیا تو اسے وَلی سمجھئے شراب و شباب دونوں کی وہاں فراوانی ہے مگر اسی فلمی گند سے ایسے کئی لوگ نکلے ہیں جن کے کردار پر بدنامی کا ایک چھینٹا بھی نہیں پڑا، ان میں پرتھوی راج، محمد رفیع اور خواجہ صاحب کے نام نمایاں ہیں۔

اُنہوں نے مشہور فلم میکر راج کپور کے لئے جتنی کہانیاں لکھیں ان میں سے اکثر ہِٹ ہوئیں اور جب جب خود فلم بنائی وہ پِٹ گئی۔ دراصل خواجہ صاحب اپنے مزاج اور اپنے اصولوں کے پابند تھے ایسے لوگ اپنے بنائے ہوئے دائرے سے باہر نکل ہی نہیں سکتے۔ خواجہ صاحب کو اپنے والد سے ((مال و متاع سے عاری)) جو وِراثت ملی تھی اُنہوں نے اسے ہی اپنی پونجی سمجھا اور آخر آخر تک اسے بہت سنبھال کر خرچ کیا، سچ یہ بھی ہے کہ ایسی پونجی خرچ ہوتی ہی نہیں۔ بلکہ یہ آپ کی زندگی کے کام آتی ہے اور آپ کو ایسے زندہ کر دیتی ہے کہ موت آپ سے دور ہو جاتی ہے۔

واضح رہے کہ خواجہ صاحب نے اپنے ترکے میں کچھ نہیں چھوڑا وہ جو، جوہو کا فلیٹ تھا اسے بھی ایک ٹرسٹ کو دے گئے۔ ایسے لوگوں کے وارث ساری دُنیا میں ہوتے ہیں اور وہ ورثہ اِن لوگوں کے عمل میں ڈھل کر تمام انسانیت کے کام آتا ہے۔ خواجہ صاحب آج بھی اپنے ورثے میں زندہ ہیں۔ سچ ہے کہ تاریخ کے اوراق میں بہت سوں کی قبریں ہیں اور تاریخ ہی کے سینے میں کچھ لوگ دھڑکن بن جاتے ہیں۔ خواجہ صاحب انہی لوگوں میں شمار کئے جائیں گے۔

Khwaja Ahmad Abbas, a diverse writer of Urdu. Essay: Nadeem Siddiqui

* * *